复利王

解构巴菲特

林水龙 著

海峡出版发行集团
THE STRAITS PUBLISHING & DISTRIBUTING GROUP
福建人民出版社

扫码查看

直击巴菲特

投资笔记

前　言

投资很简单，但是不容易。我长期学习巴菲特投资策略，至今已阅读了 200 多本有关巴菲特的书籍，看过数百个有关巴菲特的视频。我同时阅读了数百本其他投资类书籍，到目前为止我没有发现能全面有效指导股票价值投资的书，这是我写这本书的主要原因。本书是我长期学习巴菲特投资策略的概括和总结，以实用、有效为目标，基于巴菲特的真实意思表述，力图以大量案例和数据完整系统地展现巴菲特投资策略。本书将巴菲特投资策略和中国的实际情况相结合，主要介绍股票投资和套利（白银套利、并购套利和可转换债券套利），既有投资理念又有投资方法，能让读者从中受益。

与其他介绍巴菲特投资策略的书籍相比，本书有 10 个创新点：

第一，本书总结了巴菲特的五大特质，并引用了巴菲特的很多生活细节，生动展现了一个节俭、专注、执着于赚钱、擅长数学和财务、不断学习进取的巴菲特。

第二，本书鼓励投资者在投资中做到"知行合一"，提出用"潜意识学习法"学习巴菲特投资策略，并将其应用到投资实践中。

第三，本书第二章第三节"让巴菲特投资策略深入潜意识"提出了设定投资目标的具体方法，从而指引投资者理性投资，实现财富梦想。本章对困境中的读者也有启迪意义。

第四，本书将巴菲特投资的公司分为差异化竞争优势公司和低成本领先竞争优势公司，并加以详细论述分析，投资者可以更加明了地借鉴应用。

第五，巴菲特多次强调投资前要分析目标公司未来的确定性，本书对公司未来的确定性做了详细的论述，投资者阅读后对这一原则会有更加深刻的认识。

第六，本书结合中国的实际情况重点介绍了可转换债券的投资方法，强调遵循巴菲特安全稳健的投资原则，在保证本金安全的前提下赚取利润。

第七，净资产收益率是巴菲特多次建议投资者关注的主要财务指标，在目前介绍巴菲特投资策略的书籍中，本书在论述净资产收益率方面有一套独特详细的方法。

第八，公司估值是巴菲特投资策略的核心之一，巴菲特推荐采用现金流贴现估值法计算公司价值，本书按步骤完整、详细地展现现金流贴现估值法的过程，投资者可以根据这些步骤对符合条件的公司进行估值。

第九，现金流贴现估值法计算过程非常复杂，难度较高，而且由于存在大量估计变量，计算结果也不一定符合实际情况。本书结合中国实际情况介绍简化版的现金流贴现估值法，以方便投资者对符合前提条件的公司进行估值。

第十，很多投资者都会有“持亏售盈”的操作习惯，这就是巴菲特所说的“铲除鲜花，浇灌野草”，本书将对这一现象详细论述并提出解决方案。

很多人看过巴菲特投资策略的书，并且也认可这些策略，但是，为什么在实际投资操作中不能很好地加以运用呢？这就涉及潜意识层面，只有让这些策略成为自身潜意识的一部分，才能以习惯性的方式运用它们。本书提出用“潜意识学习法”学习巴菲特投资策略，让运用巴菲特投资策略成为一种习惯性的操作，就像走路、吃饭一样信手拈来。如果你认为这本书对你有帮助，一定要反复阅读，同时把巴菲特投资策略运用到实践中，反复学习和练习，才能充分吸收并学以致用。

巴菲特本人爱好阅读，他的学识和投资策略总是与时俱进，这也是巴菲特常年跑赢市场指数的关键要素之一，也是巴菲特取得千亿美元财富的关键要素之一。比如巴菲特之前总说不懂科技公司，但是，随着科技行业日新月异的发展，他也研究并且投资了科技公司。巴菲特尚且好学，我们自然不能倦怠。

巴菲特是世界公认的复利之王、价值投资之神，他的长期投资业绩目前还没有任何人可以与之媲美，他的主要投资策略看起来浅显易懂，但实践起来却不容易坚持：投资具有持续竞争优势的公司并长期持有，与公司共同发展壮大；购买价格远低于价值的标的，集中投资，注重安全边际，保住本金；当别人贪婪时恐惧，当别人恐惧时贪婪；重视公司价值，忽视股票价格波动。本书将对这些核心原则展开详细论述。

本人完成初稿后，反复修订了50遍以上，以确保每个字都值得被印刷在书本上。最后，我要特别感谢黄昌木台长、唐涛甫老师、老同学陈晶、傅健老师、曾艳华老师、出版社的编辑以及我的家人的大力支持。

目 录

CONTENTS

第一章　巴菲特其人 /1

第一节　巴菲特简介 /2

第二节　巴菲特的特质一：节俭 /4

第三节　巴菲特的特质二：专注 /7

第四节　巴菲特的特质三：执着于赚钱 /9

第五节　巴菲特的特质四：对数字敏感 /11

第六节　巴菲特的特质五：不断学习进化 /12

第二章　让巴菲特投资策略深入潜意识 /15

第一节　潜意识概述 /16

第二节　潜意识的功能和特征 /18

第三节　让巴菲特投资策略深入潜意识 /22

第四节　设定清晰具体的投资目标 /25

第三章　优先选择卓越公司 /27

第一节　分析公司的基本面 /28

第二节　优先选择经营历史稳定优秀的公司 /33

第三节　优先选择有持续竞争优势的公司 /35

第四节　优先选择有差异化竞争优势的公司 /38

第五节　优先选择有低成本竞争优势的公司 /46

第四章 投资环境 /53
第一节 市场先生 /54
第二节 正确对待股票价格波动 /57
第三节 远离有效市场理论 /63
第四节 放弃市场预测 /65
第五节 选择不容易受宏观经济变化影响的公司 /68

第五章 安全边际 /71
第一节 买入价格越低，安全边际越大 /72
第二节 优先股比普通股的安全边际更大 /75
第三节 对公司越了解，安全边际越大 /77

第六章 长期投资 /83
第一节 复利增长的魔力 /84
第二节 长期投资具有持续竞争优势的公司 /86
第三节 长期投资能降低成本，提高收益 /88

第七章 集中投资 /91
第一节 集中投资收益更高 /92
第二节 集中投资风险更小 /96

第八章 套利 /99
第一节 套利概述 /100
第二节 白银套利 /102
第三节 并购套利 /104
第四节 可转换债券套利 /109

第九章　主要财务指标 /117
第一节　净资产收益率 /118
第二节　毛利率 /123
第三节　负债 /124
第四节　现金 /126
第五节　市盈率 /128

第十章　公司估值 /131
第一节　现金流贴现估值法 /132
第二节　预测现金流应遵循的原则 /133
第三节　自由现金流 /135
第四节　贴现率 /138
第五节　简化自由现金流贴现估值法 /155

第十一章　买入时机 /159
第一节　当价格远低于价值时买入 /160
第二节　在大熊市买入 /164
第三节　当好公司暂时遇到困难，股票价格暴跌时买入 /167
第四节　公司内部人士大量买入股票是重要参考指标 /171

第十二章　卖出时机 /177
第一节　当股票价格远超公司价值时卖出 /178
第二节　在大牛市卖出 /179
第三节　卖出错误买入的公司 /181
第四节　在公司基本面恶化时卖出 /186

结　语 /188

主要参考资料 /190

第一章

巴菲特其人

第一节　巴菲特简介

第二节　巴菲特的特质一：节俭

第三节　巴菲特的特质二：专注

第四节　巴菲特的特质三：执着于赚钱

第五节　巴菲特的特质四：对数字敏感

第六节　巴菲特的特质五：不断学习进化

CHAPTER 1

◇第一节　巴菲特简介

沃伦·巴菲特，1930 年 8 月 30 日生于美国内布拉斯加州的奥马哈市，哥伦比亚大学经济学硕士，伯克希尔·哈撒韦公司董事长兼首席执行官。巴菲特是全球最伟大的投资者之一，伯克希尔·哈撒韦公司是一家投资控股公司，主要从事保险事业、股票投资、债券投资、公司收购等。在《福布斯》杂志 2008 年全球富豪榜中，巴菲特以 620 亿美元的个人财富问鼎全球首富。

1941 年，巴菲特 11 岁，他第一次购买股票，与姐姐多丽丝凑足 114.75 美元购买了 3 股城市服务公司优先股，股票卖出后大约获利 5 美元，这也是巴菲特第一次从股票投资中赚钱。他在后来接受采访时说："从 11 岁开始，就我个人来说，我每年都是股票的净买家。"

1947 年，巴菲特进入宾夕法尼亚大学沃顿商学院攻读财务和商业管理。巴菲特在进入大学前就阅读了大量投资类书籍，他认为教授们没办法教给他很多实用的技巧，他更希望学习如何赚钱。两年后，巴菲特转学到内布拉斯加大学林肯分校，一年内获得了经济学学士学位。

1950 年，巴菲特申请入读哈佛大学被拒绝后，转而入读哥伦比亚大学商学院，师从本杰明·格雷厄姆，这对巴菲特的投资生涯产生了重要的影响。格雷厄姆最早提出价值投资理念，被后世尊称为"价值投资之父"。1951 年，21 岁的巴菲特取得哥伦比亚大学经济学硕士学位，他同时获得了格雷厄姆执教生涯唯一的 A+评定。巴菲特毕业后回到家乡奥马哈，在父亲霍华德的股票经纪公司工作。

1954 年，巴菲特进入格雷厄姆旗下格雷厄姆·纽曼公司工作。1956 年公司解散后，巴菲特回到了家乡奥马哈。这两年在格雷厄姆身边工作是巴菲特极力争取得到的结果，为巴菲特的投资生涯积累了实践经验。

1956年，巴菲特成立了合伙投资公司。他最开始只投入了100美元，同时担任普通合伙人，负责所有事务。他从投资人的收益中赚取提成并将提成继续投入合伙投资公司中，因此他的投资份额不断增加。此后，巴菲特陆续又与其他投资人成立了多家合伙投资公司。到1961年，巴菲特一共管理11家合伙公司，总资金约400万美元，投资人超过100位。

1962年1月1日，巴菲特把所有的合伙公司合并成一家公司——巴菲特有限责任合伙公司（Buffett Partnership Ltd.）。1962年初，该公司的净资产为720万美元。1970年，巴菲特解散了巴菲特有限责任合伙公司，通过伯克希尔·哈撒韦公司从事投资事业。

1962年，巴菲特开始低价买入伯克希尔公司的股票。这家公司成立于1888年，经营纺织业务。20世纪60年代开始，美国的纺织业面对国外低价纺织品的竞争正在走下坡路，但是巴菲特无法抵挡伯克希尔公司的股票价格远低于公司每股净资产的诱惑，这是巴菲特沿袭格雷厄姆投资策略犯下的重大投资错误。1965年，巴菲特控股了伯克希尔公司，自己担任董事长并任命了新的管理层，但是，伯克希尔公司面对竞争只能不断收缩业务。1985年，巴菲特彻底结束了该公司的纺织业务。1962—2022年，巴菲特持有伯克希尔公司股票已超过60年。

自2000年开始，巴菲特通过在线拍卖的方式为格来得基金会募款，起拍价2.5万美元，出价最高者可以获得与巴菲特共进午餐的机会。

2006年6月25日，巴菲特在纽约公共图书馆签署捐款意向书，正式决定向5个慈善基金会捐出其财富的85%，当时市场价约合375亿美元，这是世界历史上最大的一笔慈善捐款。巴菲特准备将捐款中的绝大部分（约310亿美元）捐给世界首富比尔·盖茨及其妻子建立的“比尔与梅琳达·盖茨基金会”。同时，巴菲特将其余价值约65亿美元的伯克希尔公司股票分别捐赠给以第一任妻子命名的苏珊·汤普森·巴菲特基金会以及他的3名子女所成立的基金会。巴菲特的子女将继承他财产的一小部分，巴菲特说：“我想给子女的财产是足以让他们能够一展抱负，而不是多到让他们最后一事无成。”

《福布斯》杂志2022年全球富豪榜显示，巴菲特的个人财富为1180亿美元。

◇第二节　巴菲特的特质一：节俭

巴菲特的衣着很随便，他身上的衣服总是皱巴巴的，领带常常系得太短，位于腰带上方好几寸，外套和领带通常都不搭配，即使穿西装，也是早就过时的保守样式。巴菲特不把衣服穿到破旧是不肯换新衣服的，他的鞋子有时都磨损得厉害。巴菲特幽默地说："我并不是不穿名贵的服装，只是名贵的服装穿到我身上也就显得廉价了。"

周末，巴菲特有时会穿着一件松垮的T恤衫，上面甚至还印着证券交易委员会的标识。有一天，他的妻子苏珊和女儿苏西去商场给他买了一件驼绒运动夹克和一件蓝色运动夹克。但是，巴菲特让苏西把衣服退掉，他说他已经有一件驼绒运动夹克和一件蓝色运动夹克了。巴菲特说话的语气非常严肃，苏西不得不把衣服退掉。

巴菲特的第一个孩子苏西出生后，他把梳妆台的抽屉改成了婴儿床。到了家里第二个孩子霍华德出生的时候，巴菲特仍然没有买婴儿床，而是向邻居借了一个。

1999年12月3日，巴菲特把他使用了20年的钱包拿出来拍卖，他在钱包里放了一条股票信息。这个钱包最终拍出了21万美元，这笔钱捐给了慈善机构奥马哈女童之家。巴菲特说："这个钱包没有什么特别之处，它的历史可以追溯到很久以前。我的西服是旧的，我的钱包是旧的，我的汽车也是旧的。1958年以来，我就一直住在这栋旧房子里，我一直保有这些东西。"

从巴菲特的家到他的办公室的路上有一家麦当劳快餐店，巴菲特经常在上班路上到这里买早餐。当巴菲特感觉市场不那么繁荣的时候，他可能会选择2.61美元的汉堡，里面有两片肉饼，另配一杯可乐。3.17美元的汉堡里面有培根、鸡蛋和奶酪，如果早上股票价格下跌了，巴菲特就不想吃3.17美元的汉堡，改吃2.95美元的汉堡。

巴菲特的好友比尔·盖茨说："沃伦有一件令人惊讶的事情是，他还坚持他 6 岁时的饮食习惯，当然他不吃婴幼儿食品，但是他的主要饮食是汉堡包、冰淇淋和可乐。我清楚地记得他来我家做客时，会拿我们的奥利奥饼干当早餐。”盖茨还在一次演讲中提到，他和巴菲特一起到访香港，巴菲特用优惠券请他吃麦当劳快餐。但是在巴菲特眼中这样的事再正常不过了，并没有觉得丢脸或者尴尬。

巴菲特投资了可口可乐公司并且长期持股，而且他最喜欢的饮料也是可口可乐。苏珊说：“巴菲特的血管里流的都是可口可乐。”巴菲特家里常年存放着很多箱可口可乐，他的妻子总是会等到打折时才一次购买很多箱，这种做法和他购买价格大跌的优质公司股票在本质上是一样的。不论在生活中还是投资上，购买价格远低于价值的商品或者股票成了巴菲特的习惯。

巴菲特虽然买得起豪宅，但是他仍然住在 1958 年购买的位于奥马哈市的房子里，他当时为此支付了 31500 美元。到 2022 年，巴菲特已经在这所房子里住了 64 年。

巴菲特的办公环境同样简朴。1956 年 5 月 1 日，巴菲特开创了自己的合伙投资公司，最初几年他都是在自己家里从事投资事务，而且没有任何雇员，所有事项都由他一人完成，这样可以为合伙公司最大限度地节约成本。1960 年，由于合伙公司的事务过多，巴菲特一个人忙不过来，于是他将合伙公司搬到了基威特大厦并雇了第一位员工。截至 2022 年，巴菲特在基威特大厦办公已超过 62 年。巴菲特说：“我们办公室只有 25 个人，我们公司没有任何委员会，我们没有公共关系部门，我们没有投资者关系部门，我们没有总顾问，我们尽量避免任何形式上的事情。”巴菲特把他的节俭作风也运用到公司管理和人员设置上，这个仅有 25 个人的伯克希尔公司总部，在 2021 年管理着 9588 亿美元资产。

巴菲特买得起世界上任何一辆汽车，但是相对于他的财富，他在汽车上的消费称得上吝啬。2006 年，巴菲特购买了一辆凯迪拉克 DTS，售价 42000 美元，这辆车一开就是 8 年。巴菲特的家人在 2014 年花了 44600 美元为巴菲特买了一辆凯迪拉克 XTS，他们在买车时会打电话给多家销售点以找到最低价位。巴菲特说：“事实上，我每年只开大约

3500英里（约5633千米），所以我很少会购买新车。”巴菲特购买的汽车通常价格比较低，比如被冰雹砸过的汽车，再将它们修好，看不出损坏的痕迹。巴菲特会一直开着他的汽车很多年，直到连家里人都看不下去才会换辆新车。

巴菲特为了处理公务，有时会乘坐伯克希尔公司的专机出行，后来他发现了一种“共享私人飞机”的模式，每位用户拥有一架飞机八分之一的所有权，他很快采用了这种方式，这样做花费大概只要原来的十分之一。巴菲特对于是否拥有自己的飞机并不在意，能节约时间和金钱才是关键。

有一次在机场，华盛顿邮报公司董事长凯瑟琳·格雷厄姆要打公用电话，需要10美分，由于没有零钱，便向巴菲特借钱。巴菲特爽快地答应了，但当他发现自己的钱包里只有一枚25美分的硬币时，竟然转身去换零钱。凯瑟琳知道巴菲特不想浪费，大声叫住他，巴菲特这才有点羞怯地将那枚硬币递给了凯瑟琳。巴菲特的节俭是根植于潜意识的。

凯瑟琳说：“我在弗吉尼亚的家里，读着本杰明·格雷厄姆为初学者写的书（《聪明的投资者》）。有人告诉我说，我要尽快地读完格雷厄姆的书，巴菲特不愿意因把书借出奥马哈公共图书馆的时间太长而缴纳一笔数额很小的罚金。”

2006年8月30日是巴菲特双喜临门之日，这一天既是他的76岁生日，也是他与第二任妻子、60岁的阿斯特丽德·蒙克斯的婚礼举办日。此前，阿斯特丽德与巴菲特已同居28年，两人的感情非常深厚。但是在这样重要的日子里，在当年全球富豪榜中排名第二位的巴菲特却把婚礼办得极其节俭。这场婚礼在家里举行，由巴菲特的女儿苏西主持，只用了短短15分钟就举行完毕，而且受邀参加婚礼的宾客也非常少，巴菲特和阿斯特丽德的穿着也很普通。在婚礼举办完以后，大家到附近一家普通的餐馆吃饭。婚礼之后，他们两个人也没有度蜜月，第二天，巴菲特就到公司上班了。这就是巴菲特的婚礼，大概还没有达到美国中产阶级的水平。

巴菲特是伯克希尔公司最大的股东和董事长兼首席执行官，他的股权比例让他在董事会有绝对的控制权。基于巴菲特的长期业绩表现，如果他决定每年给自己发 1000 万美元年薪，相信大部分伯克希尔公司的董事和股东们都会支持。但实际上，他的年薪长期以来一直都维持在 10 万美元，没有股票期权，也没有奖金，在《财富》杂志世界 500 强公司所有的首席执行官当中，巴菲特的年薪最少。

2008 年，巴菲特的财富超过他的好友比尔·盖茨，荣登全球首富宝座，当时记者采访巴菲特并向他表示祝贺，巴菲特说："如果你想知道我超过盖茨的原因，我会告诉你答案，那是因为我花的钱比他少，这是对我一向节俭的奖励。"盖茨对此回应说："我非常高兴巴菲特能超过我当选首富。上周末我和他打高尔夫时，他居然为了节俭而不买手套，而是用创可贴来代替，虽然这样打高尔夫并不顺手，但是他毕竟节省了几美元，我认为节俭确实是巴菲特当选首富的主要原因。下次我和他打高尔夫的话，我会连创可贴都不用，争取在节俭上超过他。"

巴菲特如此节俭，第一个原因是他坚持购买价格远低于价值的标的，第二个原因是，他认为每一分钱通过复利增值将来都会变成一大笔钱，所以他不会乱花任何一分钱，节俭是巴菲特成为世界首富的重要原因之一。伯克希尔公司副董事长查理·芒格也是一名亿万富翁，但是他的投资起步较晚，而且更愿意花钱享受生活，另外他把大部分财富留给子女，因此，他的财富远远不及巴菲特。

◇第三节　巴菲特的特质二：专注

1991 年美国独立日的周末，两位世界巨富巴菲特和盖茨在华盛顿州的双桥岛首次见面，他们两人一见如故，聊了好几个小时。晚上，同来参加聚会的盖茨的父亲问了大家一个问题：人的一生当中最关键的要素是什么？巴菲特的答案是"专注"，而盖茨的答案也是"专注"。

巴菲特很小的时候就开始专注于赚钱、阅读、计算、投资，但是这种专注是有代价的，他几乎不关注商业以外的任何事情，对自身和家庭有些心不在焉。比如巴菲特对自己的衣着就毫不在意，在宾夕法尼亚大学沃顿商学院求学期间，巴菲特会在整个冬天一直穿着一双破旧的软底帆布鞋。当他出现在需要注意着装的场合时，也可能一只脚穿黑色的皮鞋，另一只脚穿棕色的皮鞋，而自己却察觉不到任何异样。

有一次，巴菲特的儿子彼得在楼梯平台上一脸痛苦地坐着，原来彼得在换电灯泡时不小心摔倒。巴菲特回家时似乎没有发觉这件事，从彼得身边经过，走向书房。后来，巴菲特才突然醒悟，他发觉自己的行为非常冷漠，还为此向彼得道歉。

巴菲特总是在读书、看资料，他经常埋头处理工作，对工作上的事情总是一清二楚，但是对家里的事总是没放在心上。有一次，巴菲特询问他的妻子苏珊书房里的壁纸怎么换了，但是这些壁纸在几年前就已经换掉了，巴菲特居然在几年后才发现。

巴菲特曾经邀请盖茨和他的妻子梅琳达到他家里做客，当他们进入餐厅却发现椅子上都没有坐垫。巴菲特本人也非常惊讶，一边检查椅子一边问："这是怎么回事？"最终，巴菲特才知道椅子的坐垫在几个月前重新装椅面的时候都被拆掉了，而他在这几个月里居然都没注意到这件事。

巴菲特的朋友马歇尔·温伯格曾邀请巴菲特和苏珊到他家里吃饭。当时温伯格刚从埃及旅行回来，晚餐后，他架起幻灯机向他们展示埃及的幻灯片。巴菲特说："你把幻灯片给苏珊看，我到你的房间读一份公司年度报告怎么样？"可见巴菲特并不关心埃及，他只关心工作和赚钱。

巴菲特在研究迪士尼公司股票期间，去电影院观看迪士尼公司推出的儿童影片。他发现有些观众盯着他看，这才发现自己是唯一没带小朋友来看电影的大人。巴菲特专注于研究迪士尼公司的产品、服务和前景，以至于忘了顺便带孩子们来看儿童电影。巴菲特专注于工作，工作是他的第一要务，他的孩子们常常被他忽略了，可能正因如此，他们成年后都非常平凡。

自从巴菲特 11 岁开始从事股票投资以来，到 2022 年，他的股龄已经有 80 多年，他在这期间阅读了大量投资类书籍，还阅读了大量公司年度报告和各种相关资料。巴菲特硕士毕业后一直从事投资事业，到 2022 年，92 岁高龄的巴菲特仍然担任伯克希尔公司的董事长。巴菲特一生都专注于赚钱和投资事业，这种专注是很少有人能做到的，专注是巴菲特成为世界首富的重要特质之一。

◇第四节　巴菲特的特质三：执着于赚钱

巴菲特出生于1930年，当时正值美国经济大萧条，他的父亲霍华德经历了失业和破产，这让他们的家庭生活陷入困顿，有时连饭都吃不饱。后来，霍华德开了一家股票经纪公司并且当选了4届国会议员，家庭生活有了明显改善。但是，少年时期的艰难岁月还是深深地留在了巴菲特的潜意识里，他可能因此产生了赚钱的执念，而且越来越强。

巴菲特第一次赚钱是在6岁时销售口香糖。他从祖父欧内斯特的杂货店里买了几包箭牌口香糖，再沿街向邻居们推销。巴菲特买一包箭牌口香糖要花3美分，每包售卖5美分，这样就能赚2美分，这几美分就是他滚成上千亿美元雪球的最初雪花。这位年幼的口香糖“推销员”后来成为箭牌公司的大股东。

巴菲特后来开始沿街叫卖可口可乐。他从祖父的杂货店以25美分6瓶的价格买入，再以每瓶5美分的价格出售，这样每卖6瓶可以获利5美分。巴菲特和家人外出度假时，也不忘在度假地销售可口可乐。这位年幼的可乐“推销员”后来也成为可口可乐公司的大股东。

巴菲特13岁时开始为《华盛顿邮报》和《时代先驱报》送报纸，其中一条路线送《华盛顿邮报》，两条路线送《时代先驱报》。他每天送500份报纸，每送一份报纸赚1美分。巴菲特每天都要送报纸，甚至包括圣诞节。如果他生病了，他的母亲利拉就会帮他送。这位年轻的送报童后来还成为华盛顿邮报公司的大股东。

当其他同龄人还在看故事书的时候，巴菲特看的书是这种风格的：《赚1000美元的1000招》，这本书介绍了许多赚钱方法，还介绍了复利。复利思维对巴菲特触动很大，深刻影响了他的消费习惯和投资行为，因为复利的一个关键是把赚到的钱作为本金继续投资，复利也是巴菲特赚取千亿美元财富的路径。

巴菲特曾经坐在朋友家的门阶上宣布：自己在 35 岁的时候将会成为一名百万富翁，否则他将从奥马哈最高的楼上跳下来。这让朋友的母亲惊讶不已。实际上，巴菲特在 30 岁的时候就成为百万富翁了。

巴菲特 11 岁时第一次买股票，他和姐姐多丽丝一共花了 114.75 美元买了城市服务公司的 3 股优先股，这是他父亲霍华德最喜欢的股票，很多年来霍华德都在向客户推荐这只股票。巴菲特买入股票后，股票价格从 38.25 美元跌到 27 美元，这让他压力陡增。当股票价格回升的时候，巴菲特赶紧以每股 40 美元卖出，为他和姐姐赚了大约 5 美元。不过，城市服务公司的优先股价格后来涨到了 202 美元，这是巴菲特第一次从股票市场上学到的经验和教训，让他永生难忘。

从 10 岁左右开始，巴菲特就会在当地高尔夫球场上寻找别人不要的高尔夫球，他也会低价收购二手高尔夫球，他的房间里堆满了高尔夫球。巴菲特把这些高尔夫球按品牌和价格分类整理包装，然后让邻居和朋友们销售他的高尔夫球。

巴菲特在伍德罗·威尔森高中就读时，他和好友唐·丹利买了几台投币弹子球机放在当地的理发店里供客人消遣。他们把这个项目命名为"威尔森弹子球公司"，巴菲特负责商业运作，丹利负责机器维修，他们和理发店达成五五分成的协议，与他们合作的理发店扩大到 7 家。巴菲特和丹利靠这些弹子球机每星期能赚 50 美元，这对于高中生来说是一笔很大的收入。后来，由于巴菲特要去上大学，便将"威尔森弹子球公司"以 1200 美元的价格卖给了一位退伍军人。

巴菲特和丹利还曾支付 350 美元买了一辆 1928 年的劳斯莱斯汽车。丹利花了一个星期把车子修好并重新刷车漆，然后他们把这辆车出租，每天能收租金 35 美元。

巴菲特会尽量减少开支，不论是生活上还是工作上都是如此，他会把节省下的每一分钱用于投资。巴菲特投资的时候也尽量以远低于标的价值的价格购买，而且他会把每年的赚的钱再投资。正是基于这一操作，他积累了巨额的个人财富。

◇第五节　巴菲特的特质四：对数字敏感

巴菲特为了投资，阅读了大量公司资料，查看了成千上万份股票资料，研究无数的数据。他每天都要阅读几份报纸，还经常拜访各类公司，与各家公司人员谈论他们的业务。巴菲特和妻子苏珊自驾车度蜜月时还在车上装满公司年度报告和《穆迪手册》（供投资者参考的分析报告），利用空闲时间阅读和研究这些资料。

巴菲特通过阅读一家公司的年度报告和相关资料，并咨询相关人士，再加上实地考察这家公司的业务，就能充分了解这家公司。有些被收购公司的经理人惊讶地发现：巴菲特对于被收购公司的了解甚至超过自己。巴菲特对公司年度报告进行分析就能发现许多关键问题，他有时甚至在收购前不用到被收购公司实地考察就签下收购协议，这主要得益于他多年的从商经验和深厚的财务功底。

巴菲特对下属公司的监管主要通过阅读下属公司的财务报表，很多经理人甚至从来都没有到过伯克希尔公司总部向巴菲特汇报工作，只要定期向巴菲特提供财务报表。伯克希尔公司总部只有 25 人，并没有针对下属公司的审计团队，更多的是依靠巴菲特的“火眼金睛”，他通过阅读财务报表就能发现下属公司存在的问题。

有一次，伯克希尔纺织工厂总裁肯·蔡司和巴菲特通电话，巴菲特指出蔡司说的一个数字和上次不一样，蔡司为此还和巴菲特争辩。但是，当蔡司打完电话仔细检查资料之后，发现巴菲特说的是对的。从那以后，蔡司在给巴菲特打电话前总是要先仔细检查一遍数据，以免被巴菲特发现差错。

巴菲特收购通用再保险公司时，第一次与该公司的管理层见面讨论收购相关事宜。巴菲特说：“我会完全放手由你们继续经营公司，我不会干涉你们的日常管理。”他随后开始谈论自己投资的政府雇员保险公司的情况，并且引用了那家公司的一些数据，这让在场的通用再保险公司管理层目瞪口呆，首席承保官泰德·蒙特罗斯非常惊讶："我的天啊！这叫完全放手?!"巴菲特对下属公司的财务细节总是如数家珍，他在公司财务领域的能力令人印象深刻，远远超越绝大多数人。

在一次伯克希尔公司股东大会上，有人问了一个关于公司估值的问题，巴菲特谈到了现金流贴现估值法。芒格说："巴菲特常常提到现金流量，但我却从未看到他做过什么计算。"巴菲特通过对公司资料的全面研究就能对目标公司做出大概估值，这主要应归功于他多年的商业经验和强大的财务能力。

◇第六节　巴菲特的特质五：不断学习进化

巴菲特少年时经常去图书馆阅读每一本与投资有关的书，他读过的很多书都提出了挑选股票的方法，但是，他一直想寻找一套比较可靠的股票选择方法。和大多数股民一样，巴菲特曾经专心研究股票价格行情走势图和技术分析方法，但是收效一般。不过，当巴菲特读了格雷厄姆所著的《聪明的投资者》后大受震撼，他读了很多遍，在经过仔细研究和思考后开始了自己的价值投资之路。巴菲特说："大家要尽可能多地读书。我在10岁的时候就把奥马哈公立图书馆里能找到的投资方面的书都读完了，很多书我读了两遍。你要阅读各种书籍，随着你的阅读量增加，你就能分辨出哪些内容是合理的，哪些是不合理的。一旦你做到了这一点，就可以开始应用你学到的知识，越早开始阅读越好。我在19岁的时候读了一本书（《聪明的投资者》），形成了我基本的投资思维方式，我现在76岁了，我做的事情就是基于我19岁时从那本书得来的同样的思维方式。大家要尽可能多地阅读，然后开始应用自己学到的知识。"

巴菲特的哥伦比亚大学同学说："沃伦是一个非常专注的人，他可以专注得像一只聚光灯，他几乎一周7天、一天24小时都在忙碌，我都不知道他什么时候睡觉。沃伦能引述格雷厄姆的投资案例，他也能提出自己的投资案例。他经常去哥伦比亚大学图书馆阅读报纸，一读就是好几个小时。”

伯克希尔公司副董事长芒格说：“就股票投资业绩来说，伯克希尔公司是非常出色的。伯克希尔公司出色的投资业绩之所以会延续这么多年，我认为是因为有了这个在10岁的时候就阅读了所有有关投资的书、最后变成了一个学习机器的人。如果不是他一直不断地在学习，我们的投资业绩就会比现在差很多。我们伯克希尔公司有一个极其好学的人，这个人就是沃伦。他不断学习，以股东权益回报率作为衡量公司价值的标准，从而不断发现超级明星公司。”

巴菲特的老师格雷厄姆和戴维·多德合作写了一本书《证券分析》，并将这本书作为课堂教材。巴菲特非常喜欢这本书并且反复阅读，最后竟然比老师更了解书中的内容。巴菲特说：“事实上，我比多德更了解这本书，我可以引述书里的任何一段内容，当时这本书差不多有七八百页，我知道这本书里面的每一个案例，我已经把这本书的内容全部吸收了。”

尽管《华尔街日报》批评过巴菲特，但是他仍然非常喜欢阅读这份报纸。巴菲特与奥马哈市的送报员约好，每天将《华尔街日报》送到奥马哈时，都要在巴菲特回家的路上等他，这样他就能在第一时间看到。当第二天早上《华尔街日报》开始发售的时候，巴菲特已经看完当天的报纸了。

巴菲特的投资学习过程可以分为四个阶段：

第一阶段：巴菲特的父亲霍华德曾经经营一家股票经纪公司，巴菲特从一开始对于股票的了解来自于父亲，他也看书学习钻研股票知识，最初通过技术分析方法买卖股票。

第二阶段：巴菲特读了格雷厄姆的书《聪明的投资者》后大受启发。他大学毕业后进入哥伦比亚大学，师从格雷厄姆，在拿到硕士学位后还在格雷厄姆的公司工作了两年，可谓全面吸收了格雷厄姆的投资思想。在巴菲特回到家乡奥马哈开创了自己的合伙投资公司后，他基本遵循格雷厄姆的“烟蒂股投资法”，这种方法符合当时的经济大环境，确实也帮助巴菲特赚了很多钱。但是随着时间的推移，他发现这种投资方法存在很多问题。

第三阶段：巴菲特吸收了芒格和菲利普·费雪的价值投资理念，集中投资被严重低估的优质资产，长期持有优质公司，与优质公司共同成长。

第四阶段：开始投资科技公司。巴菲特以前经常说他不了解科技公司，科技公司超出他的能力圈，所以他从不投资科技公司。但随着时间的推移，他开始研究并投资科技公司。伯克希尔公司投资了几家科技公司：第一数据公司、国际商业机器公司（IBM）、通用动力公司、苹果公司、比亚迪公司、威瑞森通信公司、特许通信公司等。根据 2021 年伯克希尔公司的年度报告，苹果公司已成为伯克希尔公司持有的市值最大的股票。芒格说："购买苹果公司股票是巴菲特持续学习的标志。"伯克希尔公司对这些科技公司的投资，也体现了巴菲特活到老、学到老的精神。

第二章
让巴菲特投资策略深入潜意识

CHAPTER 2

第一节　潜意识概述
第二节　潜意识的功能和特征
第三节　让巴菲特投资策略深入潜意识
第四节　设定清晰具体的投资目标

全世界看过巴菲特投资策略书籍的人不计其数，认可巴菲特投资策略的人也很多，但是真正能遵循巴菲特投资策略的人却寥寥无几，这是什么原因呢？如果巴菲特投资策略已经深入投资者的潜意识，投资者就会遵循这一策略进行投资；如果巴菲特投资策略没有深入投资者的潜意识，投资者就会按原有的思维模式投资。那么什么是潜意识？

◇第一节　潜意识概述

一、什么是潜意识

意识分为潜意识和显意识，潜意识是意识的主要部分，占大脑意识的90%以上，如果把人的意识比作一座漂浮在海上的冰山，那么显意识就像冰山露出海面的部分，而潜意识则像海面以下的部分。我们日常大部分时间和大部分行为都是潜意识在控制，显意识往往受到潜意识制约，潜意识可以决定显意识的关注方向和关注强度。

潜意识的形成受到不同因素的影响：

一是遗传因素。比如人体血液循环系统、呼吸系统、免疫系统、神经系统是由潜意识管理，这些功能来自于父母遗传，属于先天因素。

二是长期的家庭环境、成长经历、教育经历。人们如果依靠显意识说话，说话速度就会大大降低。刚开始学说话的幼儿就是依靠显意识，等到他能熟练说话时，则是依靠潜意识。

三是周围的信息。比如你在去吃饭的路上，某快餐店的广告进入你的视线范围而被潜意识储存，即使你的显意识没有留意到，你可能会在潜意识里选择这家快餐店吃饭，这就是广告无处不在的目的，只要广告出现的机会多了，总会影响到一些人。公共场合随处可见的标语本质上也是通过重复出现的方式，最终成为人们潜意识的一部分。

四是反复自我暗示。比如把目标贴在墙上每天提醒自己，当这个目标重复刺激的次数多了，就会进入潜意识而影响人们的日常行为和决定。

潜意识对我们十分重要。走路、说话、开车、吃东西、骑自行车，都受潜意识控制。我们学习新的东西，刚开始都需要显意识非常认真投入，在学习的过程中从以显意识为主逐步转变为以潜意识为主。在你刚开始学开车的时候必须全神贯注，等到熟练以后就可以一边开车一边和车里的人聊天。你在睡觉时都是潜意识在接管，睡到半夜突然获得一个好的灵感就是潜意识自发运作的结果。我们在大部分时间都是由潜意识控制，如果经历了多次同样重复的显意识，则可能会变成我们的潜意识。

潜意识时刻都在影响我们的行为和决定，从而影响我们的学习成效、工作状态、生活状况、人际关系和财富状况。我们每个人的潜意识从出生开始就被不断被塑造，长久以来形成的观念、心态、行为和习惯都十分扎实顽固。由于潜意识在意识中居于绝对主导地位，因此如果你对自己的现状不满意，期望有更大的成就，就要先改变自己的潜意识。

二、大象与绳子

成年大象可以用鼻子轻易卷起一整根原木、背负几根树干或者拉动几吨重的货物，但是，大象休息时，主人只要用一条麻绳绑住大象的脚，而绳子的另一端只要拴在一个小木桩上，大象就会安静地在绳子长度所能及的范围内活动。大象的力量可以轻松拉断绳子或者拔起木桩，但是大象却不会选择挣脱，这是什么原因呢？

原来在大象小的时候，力气小，皮也薄，要拴在粗绳上，绑在大木桩上，小象用力拉扯粗绳试图挣脱，往往会弄得皮破血流，非常痛苦。小象试了几次之后发现毫无用处，从此再也不会为了挣脱绳子而自讨苦吃。小象长大后，尽管力气大了，皮也厚了，但只要套上绳子，它基于固有的习惯，就会待在木桩周围。真正拴住大象的不是绳子和小木桩，而是大象自己的痛苦经历。

我们常常和大象一样，被从小到大的家庭教育和成长经历灌输了很多固有的观念，这些观念深深地埋在我们的潜意识当中，很多时候限制了我们的行动范围和成就，固化的潜意识封锁了我们身上隐藏着的不可估量的潜能。调整你的潜意识，释放你的无限潜能吧！

◇第二节　潜意识的功能和特征

一、潜意识的功能

1. 记忆存储功能

潜意识像一个巨大的仓库，能把我们在人生中所经历的几乎所有事情都保存下来，这是人类进化的结果。潜意识先于显意识保存尽可能多的信息，显意识在海量的信息中重点识别有危险性的或有重大机会的信息，潜意识和显意识的分工提高了人类的生存机会。

每个人的所有见闻和感想都会进入潜意识储存起来，一些熟悉的事物，如习俗、人物、景象等等也都会默默地进入潜意识。“近朱者赤，近墨者黑”，就是潜意识经常受影响的结果。如果让你回忆10年前的一些细节，你的显意识可能已经忘记了，但是你的潜意识还记着。具有丰富经验的专业催眠师能唤醒潜意识的相关记忆。

潜意识会不加分析筛选地收录大量信息，那些在你的视野范围内没有被显意识关注的场景会被潜意识收录；还有一闪而过的场景、图像或者文字，由于信息出现和消失的速度极快，显意识无法识别，但是潜意识已经存储了。

美国亚利桑那大学的劳拉·卡卡马尼博士领导的研究小组曾组织志愿者进行实验。研究人员要求志愿者对电脑屏幕上出现的名词进行分类，这些名词是自然事物或人造事物。在每个单词出现后，屏幕上会闪过一个自然事物或人造事物的图像，志愿者对此并不知情，由于图片只会显示50毫秒，所以即使志愿者感觉异样也很难在显示区域上发现图片。研究人员试图让图片只影响志愿者的潜意识，并记录了志愿者区分代表自然事物或人造事物单词的速度与准确率。他们发现：当跟随词语之后出现的图片与该词语是同类时，志愿者的表现更好，这表明短暂出现的图片能够进入志愿者的潜意识，而志愿者的显意识不知道那里有图片。

卡卡马尼博士表示：这项研究表明事物的意义在显意识感知前就可以被潜意识存储了，记忆与感知之间有更多的相互作用，我们的视觉系统每天都接收到比我们能意识到的更多信息，你的大脑会在你没有察觉的情况下储存信息并影响你的行为。人类早期为了生存需要必须在潜意识层面了解周围的环境信息，如今，你的大脑仍一直在监测视觉范围内的所有事物的含义，提醒你周围的环境安全情况和潜在的危险。你可以专注于一项任务，而你的潜意识会在你没有感知的情况下对你周围的环境情况和潜在机会进行评估。这个研究结果与传统意义上的视觉感知和认知相悖，但是可以解释我们在某些时候做出的决定，因为一个人看到的要比自己认为看到的还要多很多。

2. 自动运作功能

潜意识有自动运作的功能，人的习惯性动作和行为，比如走路、骑自行车的各个动作都是潜意识在控制。人体内各系统的运作，比如呼吸系统、血液循环系统、消化系统都是潜意识的自动运作功能在起作用。有些人遇到困难，就提起斗志，迎难而上；有些人遇到困难，就马上退缩，精神不振，这都是每个人各自经历形成的潜意识在自动运作。

一个人刚开始学习开车的时候必须全神贯注，即使车开得很慢，仍然提心吊胆，这是显意识在尝试操控车辆。可是，当你熟悉驾驶技术之后，开起来就非常放松，还可以和车里的人聊天，手自动换挡，脚自动踩刹车，非常轻松，这就是潜意识在发挥自动运作的功能。

3. 信息拆分整合功能

潜意识会把我们所有看到的、听到的、感受到的信息全部储存起来，再对它们进行拆分整合，遇到问题的时候会自如地调动之前存储的信息。比如人做梦的时候就是把各种拆分过的信息重新组合；一个人在一段时间内苦苦思考某个问题的解决方案，可能洗澡的时候突然闪现灵感，这是因为潜意识会把大脑中储存的完全不相关的信息进行整合来解决当下的问题。

潜意识是创新的关键所在，潜意识能够激发灵感、解决问题，在学习、记忆和创新中有重要作用。在每个人的潜意识里储存着出生以来的各种信息，这些信息不断拆分组合，形成创新的源泉。发明家、艺术家、建筑师、数学家和物理学家的许多奇思妙想和创新创造都是潜意识作用的结果。

人们有意或无意间所感知的信息都被隐藏在潜意识中，潜意识能够将它们自动地拆分、排列、组合，并且由此而产生一些新的信息。你可以把各种美好的梦想和你所碰到的难题经由显意识转到潜意识中，然后再由潜意识不断寻找答案。

4. 促进实现目标功能

当你有一个强烈希望达成的目标而且每天都在想着这个目标时，潜意识会自动搜索跟这个目标相关的资源来协助你达成这个目标。潜意识能否更好地发挥这一功能取决于你对这个目标的关注时间和情感强度，设定一个你真心渴望实现的目标，然后每天看一看这个目标，目标有可能更快实现。

加拿大艾伯塔大学副教授萨拉·穆尔的研究团队揭示了潜意识如何对与个人目标相关事物做出反应，她指出：人的一些决定和感觉基于一些我们并不知道的东西，无论短期目标还是长期目标，潜意识都能识别环境中有利于目标实现的事物和机会并做出积极反应。针对短期目标，潜意识会根据事物是否有助于实现目标来进行评估优先级。以口渴为例，人们会优先看见饮水设备或饮料，而不容易注意到食品或快餐店招牌。一旦喝水的目标达成，潜意识就使人们不再优先关注饮水设备和饮料。当人们对待长期目标时情况有所不同，每当人们成功完成长期目标的一小部分，潜意识会给出正向反馈，形成良性循环，这让人们更愿意朝着实现长期目标继续前进。

你可以把你渴望拥有的事物的相关图片放在墙上、办公桌、电脑屏幕、手机屏幕上，或者找来一些相关物品放在每天能看到的地方。即使你没有专心看它们，只要它们进入你的视野范围内，仍然会进入你的潜意识，对你造成影响，令你渴望拥有的事物更快地到来。

二、潜意识的特征

1. 潜意识不能分辨信息的质量

潜意识只会全盘吸收周围所有暗示的信息，而不会加以分辨。如果给潜意识反复灌输错误的信息，潜意识也会改变并指挥身体行动，令它们变成现实。

“顺其自然”“听从内心的声音”，对这两种经常被人提及的说法应该仔细分辨。如果“内心的声音”（潜意识）是违法犯罪的内容，人们就会被其逐步带入违法犯罪的泥潭。在投资领域，人们可以通过设定合理的目标并每天关注目标来调整潜意识，合法地赚取投资收益。

在健康领域，如果“内心的声音”是消极的内容，比如经常抽烟、酗酒、吃“垃圾食品”，日积月累就会导致严重的健康问题，给人们带来痛苦甚至缩短寿命。在家中，如果父亲长期吸烟，儿子吸烟的概率就会大大提高，这就是父亲长期吸烟影响儿子潜意识的结果。

每个人都会有一些错误的潜意识，可能是在学习、工作、财务、健康、情感、法律、道德等方面，随着时间的积累，将会给人带来严重的问题。人们应有意识地培养正确的潜意识，从而指引自己逐步构建完美的人生。

2. 潜意识需要强烈刺激或反复刺激才能改变

人们必须受到强烈刺激或反复刺激，才能在潜意识中留下深刻的印象。当某个重大事件对一个人的内心产生强烈冲击，令你从根本上改变以往的心态、习惯或者行为时，这就是强烈刺激。例如，如果一个有几十年吸烟史的人被查出患了肺癌，这个强烈的刺激就有可能改变他的潜意识，从而彻底戒烟。

反复刺激则是在日常生活中长期而持续地进行刺激。如果你设定目标要活到 100 岁，而且要有健康的身体和良好的身材，那就经常默念这个目标，每天反复刺激，会令你的潜意识逐渐发生转变，从而采取更健康的生活方式和饮食习惯。

习惯是潜意识最常见的表现形式之一，当你不断重复某些正面积极的话时，会逐渐改变原有的负面潜意识，从而在潜意识中留下你想要的习惯和模式。

人的潜意识分不清是真实经历的场景还是自我想象的场景，所以每天想象你渴望拥有的愿望实现时的场景，让这个愿望进入你的潜意识，潜意识就会促使你实现你想要的结果。

3. 潜意识调整最好与快乐关联

人的本性是逃避痛苦，追求快乐。如果我们的目标隐含着痛苦，我们的潜意识就会带着我们远离目标；如果我们的目标隐含着快乐，我们的潜意识就会带着我们实现目标。我们要设定令我们快乐的目标，或者要把我们想要实现的目标和快乐联系起来。

在我们调整潜意识的过程中，要尽量去感受喜悦和幸福的情感，这种情绪令我们的潜意识可以最大限度地沉浸于我们想象的场景中。与此相反，重大消极的事件也会令我们受到冲击，令我们的潜意识发生重大改变。快乐是一种巨大的力量，当你很好地运用快乐的力量时，它就会发挥出无穷的潜力。

◇第三节　让巴菲特投资策略深入潜意识

投资者要想让巴菲特投资策略真正信手拈来，指导自己的投资，实现“知行合一”，必须让其成为自己潜意识的一部分，具体方法有两种：重大刺激法和反复刺激法。

一、重大刺激法

许多使用技术分析或者听信小道消息从事投机的人，当他们遇到重大投资失败甚至到了破产的境地时，往往才会反思以往的方式是否得当。当他们因为投机导致亘大资金损失而处于人生低谷时，就特别容易接受巴菲特投资策略。

巴菲特 19 岁前也是靠技术分析进行投资，由于早年没有电脑，不能自动生成股票价格走势图，巴菲特还绘制过股票价格走势图，但是投资收益一般。他在 19 岁时阅读了格雷厄姆所著的《聪明的投资者》后，惊为天书，无比崇拜格雷厄姆。巴菲特在 1950 年寄给哥伦比亚大学商学院副院长戴维·多德的入学申请书中写道："我在奥马哈大学发现了哥伦比亚大学的招生手册，手册上显示您和本杰明·格雷厄姆在贵校任教，我认为你们是站在奥林匹斯山（希腊神话众神居住的山）山顶的某个地方正微笑着俯视我们的人。"巴菲特在 1973 年《聪明的投资者》第四版序言中说："我在 19 岁时阅读了本书的第一版，当时我就认为这本书是有史以来最伟大的投资书籍。到目前为止，我仍然这么认为。"他在 1983 年《奥马哈世界先驱报》的访谈中说："对我来说，读到这本书，就像前往大马士革路上的圣徒保罗一样。"在 1990 年《时代》杂志的访谈中他说："我并不想让别人听起来觉得我是一个狂热的教徒，但这本书真的让我顿悟。"《聪明的投资者》把巴菲特潜意识里原有的技术分析理念摔得粉碎，他从这里开始逐步吸收格雷厄姆的价值投资思想，并一步一步成长为价值投资之神。

巴菲特离开格雷厄姆的公司后成立了自己的合伙投资公司，他一直遵循格雷厄姆的"烟蒂股投资法"，这个方法让巴菲特赚了不少钱，但是也让他吃了不少苦头，因为这类公司往往有各种问题，让他消耗了大量的时间和精力，促使他开始寻找新的投资思路。这时候，巴菲特很容易地接受了费雪和芒格的投资策略，开始投资卓越公司并长期持有。他说："困难并不在于接受新观念，而在于摆脱旧观念。"巴菲特承认他的进化有些迟，因为格雷厄姆教给他的投资方法太有价值了。这里的"旧观念"可以理解为原有的潜意识，原有的潜意识根深蒂固，在他遭遇各种投资麻烦前，特别是在他依靠着这些"旧观念"还能赚到钱的时候，原有的潜意识就更加难以摆脱。

我国著名投资者杨宝忠就是通过重大刺激法接受巴菲特投资策略的典型。1993 年 1 月，杨宝忠看到股票市场一片火热，暴富的消息不绝于耳，就拿着多年的积蓄盲目进入股票市场。杨宝忠一开始对股票市场一无所知，他听信市场传闻，痴迷技术分析，频繁买卖股票，陷入了疯狂的股票市场赌博游戏。经过 3 年时间，他的本金几乎亏光，他感觉天像要塌下来一样，前景一片黑暗。1996 年 1 月 24 日，《上海证券报》发表了我国第一篇介绍巴菲特的文章《证券投资巨擘——华伦·布费》

（华伦·布费就是沃伦·巴菲特）。杨宝忠看完这篇文章后感觉看到了人生的曙光，从此开始收集和研究一切关于巴菲特的资料，最终成为巴菲特投资策略的研究专家，并加以实际运用，实现了自己的财富梦想。

二、反复刺激法

巴菲特少年求学期间的人际关系并不好，不能和同学们很好地相处，他的性格倔强执拗，有时说话尖酸刻薄、咄咄逼人，这让许多人对他敬而远之。后来，巴菲特在祖父欧内斯特家里阅读了戴尔·卡耐基写的书《人性的弱点》。书中指出：如果你想得到并增加你的财富，那就不要去捅马蜂窝；不要批评别人，批评很危险，这会伤害到人们宝贵的自尊以及他们觉得自己重要的情感，而且还会招致别人的怨恨；多加赞扬别人，赞扬要发自内心，让别人觉得很重要。

巴菲特阅读了这本书后深受影响，他觉得自己在社交方面还要大力改善。他开始遵照卡耐基的规则指导自己的说话和做事方式，尝试关注他人，更多地给予赞扬，不再批评他人。虽然有些改变在短期内很难做到，但巴菲特仍然通过不断阅读这本书反复刺激自己，让书中的规则逐步成为自己潜意识的一部分，最终加强了他的人际交往能力、说服能力和推销能力。

巴菲特每年都要写一封致股东信。由于伯克希尔公司连续数十年的强劲增长，阅读致股东信的人越来越多，包括很多不是伯克希尔公司的股东的投资者。巴菲特经常在信中批评自己的过失，而不遗余力地赞扬旗下公司经理人的杰出表现。由于这些赞誉会被广泛传播，那些被表扬的经理人会争取在下一年度再创辉煌，希望自己的名字继续出现在巴菲特致股东信中；没被表扬的经理人可能也会加倍努力，争取进入被表扬的名单。而且，伯克希尔公司的控股子公司很少发生最高层经理人跳槽的事情，这可能与巴菲特经常公开赞扬他们有关，即使巴菲特很少与他们见面。

巴菲特说："我每年撰写几十页伯克希尔公司年度报告的工作，其实也是一个学习的过程。我发现有些东西常常以为自己懂了，但是要把它们写在纸上向各位股东解释的时候，才知道自己的了解很有限。通过撰写年度报告，不但使我对各行业思考得更加深入，而且也使我充分了解自己的能力圈边界。”当你写下你学到的巴菲特投资策略时，你才会发现哪些你已经懂了，哪些你还不懂。你不懂的部分重点再学习研究一下，弄懂了再写下来。

如果你攻读博士学位，必须完成一篇博士论文。为了完成这篇论文，你需要学习研究的知识量可能相当于1000篇博士论文。你通过写论文，可以将某一领域的专业内容固化到你的潜意识中，并成为这一领域的专家。你可以写一篇论文来分析巴菲特投资策略，写论文的过程中你要查询很多相关资料并且提炼你的论点和论据，在这个过程中你会学到很多东西，同时有助于加速让巴菲特投资策略深入潜意识。

体育、手工、绘画、演说、舞蹈、表演等领域的专业技能也是通过重复等方式固化到潜意识，才能成为一名高手。许多领袖人物对具体专业可能一无所知，但却能够领导许多专业人员追随他完成一项伟大的事业，本质上也是因为在领袖人物的潜意识里有非常明确强烈的目标、使命和路径。

我把以上方法称为“潜意识学习法”，该方法适用于各种知识和技能的学习。投资者通过反复刺激的方法学习巴菲特投资策略，最终能让巴菲特投资策略成为潜意识的一部分。此后，投资者的潜意识会指导自己的投资行为趋向理性稳健，坚持价值投资、长期投资、集中投资、安全边际，以公司所有者的心态投资股票，不被股票价格波动影响，坚定复利增长的思路，实现财富梦想。

◇第四节　设定清晰具体的投资目标

我们经常忙忙碌碌，四处奔波，被周围各种信息左右，不知道该往哪个方向走，当我们没有方向指引，就可能会把许多大好的资源白白浪费。清晰具体的目标能使我们专注，可以提高现有资源的利用效率，甚至能给我们带来额外的资源。当我们有了方向指引，就可以在赤手空拳的条件下创造出一片天地。

如果我们设定了清晰具体的目标，相信自己会得到某样东西，就更能克服各种困难。我们的潜意识不喜欢内部和外部不一致，如果我们潜意识里的目标清晰而且坚定，我们的潜意识会设法让外部事物逐步和内部目标相一致。

投资者要有清晰具体的投资目标，确定最终要达成一个什么样的投资结果，而且这些投资目标每天要出现在投资者的眼前和脑海里，这样可以提高投资成功的概率。

巴菲特小的时候曾经定下目标：35 岁之前要成为百万富翁。实际上，他在 30 岁就成了百万富翁。巴菲特还定下目标：投资业绩长期超越指数 10％。这点他也做到了，1965—2019 年，伯克希尔公司股票每股市场价值年复合回报率超越标准普尔 500 指数 10.3％。

巴菲特时刻追求本金的复利增长，这个强烈的欲望让他变得精力充沛、心无旁骛，也让他尽量减少不必要的开销，追求高安全边际的投资项目，让投资目标更容易实现。

投资者如果以投资金额为目标，时间跨度设为数年，投资目标可以这样设定：如果有 1 万元本金，可以设定增长为 10 万元的投资目标；如果有 10 万元本金，可以设定增长为 100 万元的投资目标；如果有 100 万元本金，可以设定增长为 1000 万元的投资目标。

在投资目标确定之后，你要把它写下来，每天都要看一看投资目标，随着时间的推移，这个投资目标就会开始在潜意识里影响你的努力方向和你的金钱流向，并最终影响你的结果。

投资者除了写下自己的投资目标，最好把其他人生目标也写下来，特别是健康长寿目标。巴菲特遵循的复利增长原则，时间越长效果越好，如果投资者的寿命不够长，即使投资收益的年复合增长率达到 20％，投资结果也很有限。总之，投资者应把所有目标写下来，再从头到尾反复修订，每次有任何修订都要从头到尾再次查看，修订到内容、文字、标点、格式都完美为止，然后每天看一看这些目标或者把这些目标录音下来每天听一听，以便让这些目标深入潜意识。一旦这些目标深入潜意识，潜意识将想方设法指引投资者实现目标。这就像使用地图导航软件时，一旦我们设定好目的地，即使我们不停地走错路口和方向，软件始终都会重新规划出一条通往目的地的路线，这就是让目标深入潜意识的意义。

第三章

优先选择卓越公司

第一节　分析公司的基本面
第二节　优先选择经营历史稳定优秀的公司
第三节　优先选择有持续竞争优势的公司
第四节　优先选择有差异化竞争优势的公司
第五节　优先选择有低成本竞争优势的公司

CHAPTER 3

◇第一节　分析公司的基本面

一、基本面分析概述

基本面分析是对一家公司的财务状况、产品服务、组织结构、行业地位、发展前景等情况进行分析，从而判断这家公司是否具有投资价值。投资者买入一家公司的股票前要搜集这家公司的各种信息，不同信息从不同角度反映了这家公司的一部分情况，投资者通过对这些信息进行整理和研究，就能对这家公司有全面充分的了解。有一次，巴菲特要收购一家公司，这家公司的总经理过来与巴菲特进行协商，巴菲特问了一些问题，让这位总经理大吃一惊，称“巴菲特比我对自己的公司还要了解”。

投资者分析一家公司的时候，可以把自己当成这家公司的董事长，在内外部环境中全面了解公司的基本情况，包括优势、劣势、机会和威胁。巴菲特说：“在一段时间内我会选择某一个行业，对这个行业的6～7家公司进行仔细研究。我不会听信任何关于这个行业的外界评论，而是努力通过自己的思考来找出答案。我会让自己沉浸于想象之中：如果我刚刚继承了一家公司，而且这家公司将是我们家庭永久持有的唯一财产，那么我要如何管理这家公司？我应该考虑哪些关键因素？我需要担心哪些重要事情？我的竞争对手都是哪些公司？我们公司的客户是谁？与竞争对手相比，我的公司具有什么样的优势与劣势？如果投资者进行了这样的分析，可能会比管理层更了解这家公司。”

巴菲特说：“我们始终在寻找那些业务清晰易懂、业绩持续优异，由能力非凡并且维护股东利益的管理层经营的公司，我们买入这类公司并不能充分保证投资盈利，因为我们不仅要在合理的价格上买入，而且我们买入的公司的未来业绩还要与我们的估计相符，这种寻找卓越公司的投资策略为我们提供了走向成功的唯一机会。”

巴菲特在1992年致股东信中说："我们的股票投资策略，与我们在1977年致股东信中谈到的策略一样。我们挑选股票的方法，与评估一家要整体收购的公司的方法非常类似。我们购买一家公司的标准是：一、我们能够充分了解；二、由诚实和正直的优秀经理人经营管理；三、具有长期良好的发展前景；四、我们能以非常有吸引力的价格买到。"

二、投资前要尽可能多地阅读目标公司的相关资料

投资者要尽可能多地搜集目标公司的相关资料，通过阅读这些资料尤其是公司年度报告，才能充分了解公司，从而提高投资成功的概率。巴菲特说："我阅读我所关注的公司的年度报告，同时我也阅读这家公司竞争对手的年度报告，这些是我最主要的阅读材料。投资者可以选择一些尽管对其财务状况并非十分了解，但是对其产品非常熟悉的公司，然后找到这些公司的年度报告以及最近5到10年间所有关于这些公司的文章，深入钻研分析。当投资者阅读完这些材料之后，问问自己：'我还有哪些不知道却必须知道的东西？'很多年前我经常到处查询，与目标公司的员工和竞争对手等进行交流。我一直不停地打听询问有关情况，这是一个调查的过程，就像一个新闻记者采访调查一样。最后投资者可以写出一篇分析报告，有些公司的分析报告容易写出来，但是有些公司的分析报告很难写出来，我们在投资中寻找的是那些分析报告容易写出来的公司。"

投资者准备大笔投资一家公司前最好写一篇分析报告，这样有助于对这家公司有充分的了解。《华盛顿邮报》的记者问巴菲特如何选择股票时，他说："投资就像写报告，如果你被指派写一份关于《华盛顿邮报》的详细深入的报告，就会有许多问题要去调查，而且必须发掘出许多事情去充实材料，这样你也会更加了解《华盛顿邮报》，事实上投资也是如此。"

巴菲特阅读完众多上市公司的年度报告后，如果从中发现感兴趣的公司，就会阅读与这家公司相关的各种资料并且进行调查研究，寻找公司年度报告背后隐藏的真相。巴菲特说："我看待上市公司信息披露的态度，与我看待（海上）冰山一样（海上冰山的大部分都在水面以下）。"

巴菲特在 2007 年接受记者采访时说："我读公司年度报告像其他人读报纸一样，我每年都阅读大量年度报告，我不知道我读了多少份年度报告。比如中国石油公司，我读了中国石油 2002 年的年度报告，又读了 2003 年的年度报告，然后我决定投资 5 亿美元买入中国石油的股票。我买入中国石油的股票只是根据我读的年度报告，我们没有见过中国石油的管理层，也没有读过证券分析师的报告，中国石油的年度报告非常通俗易懂，这是一项很好的投资。"

学会分析公司年度报告，这是股票投资的基本技能。投资者可以找一份自己感兴趣的公司的年度报告，第一遍阅读时可能会比较困难，只要坚持反复阅读，并对不清楚的问题上网查找答案，经过几十次反复阅读，投资者就能够充分了解这家公司的情况。随着投资者阅读的公司年度报告数量越来越多，对年度报告的分析就会越来越熟练，能够快速抓住关键问题，阅读一份年度报告所花费的时间也会越来越少。

如果投资者无法充分有效地分析一家公司的年度报告，可以在网上搜索这家公司的年度报告分析文章。由于每位作者分析一家公司的年度报告的角度各有侧重，也有一些作者分析的结论是错误的，因此投资者要尽可能多地阅读不同作者的分析文章，这样才能对一家公司的年度报告有全面的了解，避免投资决策失误。

三、向了解目标公司的人士请教

巴菲特经常与了解目标公司的人士交谈，间接了解目标公司的实际情况。他与各行各业的人士保持着非常密切的联系，每天上班的主要工作就是阅读和打电话，下班后回到家里继续阅读，继续打电话。

投资者与目标公司的工作人员交流，可以获得与公司自身相关的信息。上市公司都设有投资者关系部门，比如董事会秘书负责回复投资者的咨询以及对市场的一些异常变化做出回应，投资者有不清楚的问题可以向董事会秘书提问，或者查阅过去 12 个月上市公司董事会秘书的回复内容，不同投资者会从不同角度提出不同问题，其他投资者通过这些互动问答会对公司有更加深刻的认识。另外，有些上市公司有很多分支机构或门店，投资者可以走访这些机构或门店，与工作人员交流了解信息。

投资者与目标公司的竞争对手交流，可以从侧面了解它的优势和劣势。竞争对手由于要与目标公司争抢市场份额，会研究目标公司的情况，因而会对目标公司有一定的了解。投资者在询问过程中，如果竞争对手贬低这家公司，这是很正常的；如果竞争对手称赞这家公司，这就比较有价值了，一般来说，值得对手称赞的公司肯定有其过人之处。

投资者与目标公司的客户交流，可以得到很明确的市场反馈。如果投资者想研究某家上市汽车公司，可以询问购买过这家公司汽车的朋友的使用感受。有些公司会有网上销售平台，投资者也可以到网上销售平台查看买家的使用评论，了解客户对产品和服务的评价。

投资者与目标公司的供应商交流，可以了解目标公司的运作情况。如果供应商愿意为目标公司垫付大量资金并且对货款回收相对满意，说明这家公司具有较高的市场地位，信誉好，资金实力强；如果供应商反映拖欠货款、恶意克扣等问题，则说明目标公司资金比较紧张；如果供应商的供应量加大，目标公司支付货款也比较及时，说明目标公司可能处于良性运作的扩张状态。

聊天后增持美国运通公司股票

1991年，美国运通公司为了增加公司资本金而与巴菲特达成协议，伯克希尔公司买入3亿美元美国运通可转换优先股。伯克希尔公司每年能够获得8.85%的固定股息，转成普通股的期限为3年。在普通股价格不超过33.8美元时，转股价格为24.5美元；如果普通股价格超过33.8美元，则转股价格为33.8美元。1990—1994年，美国运通信用卡面对维萨信用卡和万事达信用卡的激烈竞争表现低迷，股票价格徘徊在20～30美元之间。巴菲特对美国运通公司的前景没有把握，准备在优先股到期后将其卖掉。

一天，巴菲特到缅因州与赫兹租车公司的首席执行官弗兰克·奥尔森打高尔夫球。奥尔森对信用卡业务十分熟悉，巴菲特通过与他的聊天了解到美国运通信用卡相对于竞争对手有差异化竞争优势，它定位于富人阶层和公司客户，违约率比面向中产阶级的信用卡低得多，长期以来美国运通信用卡已成为身份和地位的象征，使其有别于维萨信用卡和万事达信用卡，另一方面，由于当时业绩不佳，美国运通的股票价格也比较低，是理想的投资机会。于是，巴菲特对美国运通的发展前景转为乐观态度，决定继续持股并准备大量增购。

1994 年，伯克希尔公司将美国运通优先股全部转换成普通股。由于当年美国运通的股票价格没有超过 33.8 美元，所以转股价格为 24.5 美元，股票总数量为 1224.49 万股。巴菲特又投资了 4.24 亿美元买入 1551.5 万股美国运通普通股，到当年底，伯克希尔公司共投入 7.24 亿美元持有 2775.99 万股美国运通股票。

截至 2021 年底，伯克希尔公司共投入 12.87 亿美元持有 15161 万股美国运通股票，占美国运通总股本的 19.9%，持股总市值 248 亿美元。

四、实地调研

投资者通过走访目标公司总部和分支机构近距离观察目标公司，以及与公司员工谈话了解情况，可以获得最直观、最真实的公司信息，有利于做出正确的投资判断。2007 年，巴菲特接受中国中央电视台采访，记者问："巴菲特先生，您认为投资前实地调研是必需的吗？"巴菲特说："投资者必须知道自己买的是什么。"

有一次，巴菲特阅读大量资料之后，打算购买斯图德贝克公司的股票。这家公司历史悠久，主打产品是一种非常成功的汽油添加剂。巴菲特还有一些疑问，在购买之前他决定去这家公司实地调研。

巴菲特想了解斯图德贝克公司生产的汽油添加剂的生产规模和销售收入，但是这家公司的工作人员不愿透露这些信息。巴菲特后来想出了一个办法，他花了大半个月在斯图德贝克公司附近的堪萨斯城铁路调车场，每天从早上一直待到晚上，数这里一共来了多少油罐车，因为这家公司生产汽油添加剂的原料都是用油罐车运来的。巴菲特知道生产一罐汽油添加剂要消耗多少原料，再根据油罐车的数量，就能估算公司每月消耗的原料数量，再进一步推算这家公司每个月汽油添加剂的产量，然后根据销售价格就可以推算出这家公司每个月的销售收入。

巴菲特统计后发现，前往斯图德贝克公司的油罐车越来越多，说明公司产量不断增长，销售量、销售收入、销售利润也会增长，而这很有可能会推动股票价格上涨。他在实地调查后，大量买入了斯图德贝克公司股票。

◇第二节　优先选择经营历史稳定优秀的公司

巴菲特说："用一般的价格买入一家非同一般的好公司，好于用非同一般的便宜价格买入一家一般的公司。"有些投资者喜欢投资业绩很差正在进行重组或是将要进行重组的公司，寄希望于这些公司咸鱼翻身，再从股票价格暴涨中大赚一笔。但是，这类公司成功变成优秀公司的概率很低。许多很有才干的经理人进入这样的公司后，不但没有把它们从日渐衰败的困境中解救出来，相反还毁坏了自己积累的好名声。巴菲特曾经提出的公司收购标准中有一条说："我们对那些可能由亏损转为盈利的公司不感兴趣。"

巴菲特在 1983 年致股东信中说："我们从来不会过于认真地关注单一年度的业绩数字。我们凭什么非得认为公司经营活动形成盈利所需的时间与地球围绕太阳公转一周的时间相同呢？相反，我们建议应该至少以过去 5 年为周期来大致检验公司的长期经营业绩表现。如果一家公司过去 5 年的平均收益水平大大低于同行业总体平均水平，就应该引起足够的警惕。"

巴菲特在 1989 年致股东信中说："如果投资者以很低的价格买进一家长期经营表现很差的公司，在这家公司持续运营的过程中，投资者经常有些机会卖掉股票，取得不错的收益，我将这种投资方法称为'烟蒂股投资策略'，就像在路边随处可见的烟头，捡起来可能让你免费吸一口。但是，除非投资者是清算专家，否则买进这种公司的投资策略很愚蠢。首先，表面上原来看起来划算的价格到最后可能根本不值这个价，对于一家长期经营困难的公司来说，麻烦总是一个接着一个，厨房中的蟑螂永远不可能只有你看到的那一只。其次，投资者的低价买入优势很快就会被公司糟糕的业绩抵消。假设投资者以 800 万美元的价格收购了一家清算价值达 1000 万美元的公司，如果能马上把这家公司处理掉，不管是出售或是清算，投资回报可能会很好。但是，如果投资者在 10 年后才按照 1000 万美元的价格出售这家公司，而在此期间这家公司每年只能为投资者赚取很少的利润，那么这笔投资肯定会让投资者失望。时间是优秀公司的朋友，却是平庸公司的敌人。”

投资者以便宜的价格买入长期处于困境的公司股票，不如以合理的价格买入长期运营良好的公司股票，这样的投资能带来更好的收益。巴菲特在 1989 年致股东信中说：“尽管我们拥有长达 25 年的收购并监管大量不同公司的投资经验，查理和我还是没有学会如何解决公司经营中的困难问题，我们唯一学会的是避开长期处于困境的公司，我们在这点上做得相当成功。我们专心寻找我们可以轻松跨过的 1 英尺（约 0.3 米）栏杆，而避开我们没有能力跨过的 7 英尺（约 2.1 米）栏杆，虽然这也许看起来不公平，但是我们在投资中专注于解决简单问题的回报，往往要比解决困难问题的回报高得多。当然有时一家公司的困难问题也有机会被解决，就像我们公司旗下的布法罗报业公司开始发行周末版时遇到的困难。另外，巨大的投资良机往往出现在优质公司遇到非常严重但是可以解决的问题时，就像许多年以前，美国运通公司和政府雇员保险公司遭遇困境的案例。总的来说，我们不一定要具备杀死恶龙的本领，我们只要远离恶龙，就会让我们发展得更好。”

投资者长期投资时必须选择未来发展前景良好的公司，要正确判断公司的长期发展前景，就要对这家公司的经营历史进行考察，如果这家公司经营历史不稳定，未来的确定性就比较低，就难以判断未来的发展前景。投资者要优先选择具有持续竞争优势的公司，因为这类公司未来持续盈利的确定性比较高，同时以成为公司股东的心态买入股票并做好长期投资的打算。有些上市不久的公司只有 4～5 年的公开财务数据，这样难以判断这家公司在较长的经营周期内能否持续稳定。投资者应该选择有 7 年以上公开财务数据的上市公司，这样可以较好地判断上市公司经营历史是否稳定优秀，从而预估其发展前景。

一家公司未来的确定性是一种重要的安全边际，确定性越高，安全边际越大。巴菲特说："观察我们过去对私营公司和上市公司的投资时，你会看到我们偏爱那些不太可能发生重大变化的公司和行业。我们这样选择的原因很简单：在进行私营公司和上市公司两者中的任何一种投资时，我们寻找那些我们相信从现在开始的 10 年或者 20 年的时间里肯定拥有巨大竞争优势的公司。至于那些竞争环境迅速变化的行业，尽管可能会提供巨大的赚钱机会，但是这些行业并不具备我们寻找的确定性。"

◇第三节　优先选择有持续竞争优势的公司

一家公司的竞争优势是这家公司在向客户提供产品或服务的过程中所表现出来的超越竞争对手的优势。如果一家公司具备竞争优势，通常会具有更强的获利能力，这种能力体现为更高的市场份额、更低的生产成本或更高的销售价格。

公司"经济护城河"的实质就是竞争优势，竞争优势越大，"护城河"越宽，安全边际就越大，投资这样的股票就越安全，未来长期获利的确定性就越高。巴菲特说："我们喜欢拥有的城堡有很宽的护城河，河里游着很多鲨鱼和鳄鱼，足以抵挡成千上万的竞争者。我们认为护城河是不能跨越的，并且每一年我们都让我们的管理层进一步加宽他们的护城河，即使这样做不能提高当年的利润。我们认为我们所拥有的公司都有着又宽又深的护城河。"

具有持续竞争优势的公司能够持续创造价值，从而为股东带来更多财富。巴菲特在 1987 年致股东信中说："我们的经验表明，长期获利能力最好的公司，通常是那些现在的经营方式与 5 年前甚至 10 年前几乎完全相同的公司。当然公司管理层绝对不能因此过于自满，因为公司管理层总是不断有机会进一步改善产品、服务、技术、制造等环节，管理层一定要好好把握这些机会。一家公司如果经常发生重大变化，就可能会因此导致重大失误。在一块总是动荡不安的经济土地之上，不太可能建造一座固若金汤的经济城堡，而稳定的经济特性正是一家公司持续取得利润的重要基础。”

投资者在分析一家公司时，要分析这家公司是否具有真正的竞争优势，另外要分析这种竞争优势是否可以持续。巴菲特说：“对一家公司的竞争优势的真正检验方法是：如果有一位杰出的公司管理大师，而且他拥有充足的资金，他能领导竞争对手对这家公司的竞争优势带来什么样的损害？如果你给我 10 亿美元，再给我配备全美国最出色的 50 位公司经理，我绝对可以建立一家杰出的公司。如果你让我打垮华盛顿邮报公司，我会把这 10 亿美元还给你，虽然我不愿意失去这 10 亿美元，但是我根本无法完成你交给我的任务，我别无选择，只能把钱还给你。如果你给我 10 亿美元，让我去削弱奥马哈银行的盈利或市场份额，我想我完全可以让他们知道我的厉害，也许我不能完全达到你的要求，但是我肯定会给他们带来很多麻烦。”

巴菲特在 1990 年前往斯坦福商学院演讲时说：“真正值得投资的公司，是那种无须增加任何额外资本就能运作良好的公司。事实证明，如果竞争对手增加资金投入不会让自己在与这家公司的竞争中获得显著优势，这样的公司就是伟大的公司。这种竞争优势之所以宝贵，就在于构建了一条仅依靠投入资金无法跨越的‘经济护城河’。由于资本的逐利特性，仅依靠投入资金就可以跨越的‘经济护城河’，一定会被资本跨越。一家公司拥有金钱买不到的竞争优势，才有可能成为伟大的公司。”

巴菲特在 1993 年致股东信中说：“我实在很难找到能与可口可乐公司的规模相提并论的公司，也很难找到像可口可乐公司那样 100 多年来只销售一种固定不变产品的公司，尽管 50 多年来可口可乐公司的产品种类有所扩大，但是核心产品仍然是可口可乐。长期来说，可口可乐公司与吉列公司所面临的行业风险，要比任何计算机公司或是零售公司小得多。可口可乐约占全世界软饮料销售额的 44%，吉列剃须刀占全世界剃须刀销售额的 60%以上。除了称霸口香糖领域的箭牌公司之外，我看不出还有哪家公司可以像可口可乐公司和吉列公司一样长期拥有傲视全球的竞争优势。更重要的是，可口可乐公司与吉列公司近年来继续增加它们的全球市场占有率。巨大的品牌吸引力、出色的产品特性与强大的销售渠道，使得可口可乐公司与吉列公司拥有超强的竞争优势，就像是在它们的经济城堡周围形成了一条宽广的护城河。相比之下，很多缺乏竞争优势的公司每天都在没有任何保障的情况下浴血奋战。”

巴菲特在1995年致股东信中说：“零售行业的经营相当不容易，在我个人的投资生涯中，我看过许多零售公司曾经拥有极高的成长率与净资产收益率，但是到后来突然出现业绩下滑的现象，甚至被迫关门歇业。与一般制造行业或者服务行业相比，这种情况在零售行业非常普遍，部分原因是零售行业的竞争非常激烈，经营者必须时刻保持聪慧警觉，因为你的竞争对手随时准备复制你的做法然后超越你。在零售行业，一家公司一旦业绩下滑，往往就会注定走向失败。相对这种必须时刻保持警觉的行业，还有一种我称之为只要聪明一时的行业。举个例子来说，如果你在很早以前就买下一家地方电视台，你甚至可以把它交给又懒又差的亲戚来经营，而这家电视台仍然可以好好地经营几十年；如果你让汤姆·墨菲（大都会美国广播公司首席执行官）来管理这个电视台，你得到的回报将会非常可观。但是对零售行业来说，如果经营者的水平并不理想，那么就等于买了一家准备倒闭的公司。”

投资者在实际投资过程中会发现只有少数公司具有持续竞争优势，占所有公司的比例不超过5%，只要专注投资这5%的公司就可以有很好的回报。巴菲特在1996年致股东信中说：“虽然查理和我本人终其一生追求可以永恒持有的股票，但是我们寻找数十年，也只能找到少数几家这样的公司。尤其值得注意的是，一家公司取得行业领导地位并不能保证必然成功，看看过去几年通用汽车公司、国际商业机器公司和西尔斯百货公司，这些公司都曾是领导行业的霸主，在所属行业都被赋予无可取代的优势地位，大而不倒的自然定律似乎牢不可破，但是实际结果却不是这样。更多的时候，在我们寻找一家伟大的公司时都会碰到十几家冒牌货，这些公司尽管表面看起来非常强大，但是在竞争对手的攻击下不堪一击。考虑到成为一家伟大公司的困难程度，查理和我认识到，我们所能发现的伟大公司数目永远不可能达到‘蓝筹股50家’，更别说‘耀眼明星20颗’了。因此，在我们的投资组合中除了伟大的公司外，还增加了几家可能性高的公司。”

巴菲特在1999年《财富》杂志上发表的文章中说："就投资来说，关键不是确定某个行业对社会的影响力有多大或者这个行业将会增长多少，而是要确定所选定的公司是否具有竞争优势，更重要的是确定这种竞争优势的持续性。一家具有强大竞争优势的公司能为投资者带来满意的回报。"

巴菲特在2000年伯克希尔公司股东大会上说："我对迈克尔·波特（公司竞争战略理论创始人）非常了解，我很清楚我们的想法是相似的。他在书中指出长期可持续竞争优势是任何公司经营的核心，而这一点与我们不谋而合，这正是投资的关键所在，理解这一点的最佳途径是研究分析那些具备持续竞争优势的公司。"

◇第四节　优先选择有差异化竞争优势的公司

一、同质化公司

我们可以把各种公司分为两大类：一类是较小的有差异化竞争优势的公司群体，另一类是较大的同质化公司群体。与同质化的公司相比，拥有差异化竞争优势的公司在经济不景气时比较容易生存下来，即使公司管理层犯错甚至犯下大错也能继续经营下去。而同质化的公司所提供的商品或服务大同小异，比如同质化原材料、同质化日用品、同质化零配件等，要想卖出更多同等级的产品就只能打价格战，结果弄得两败俱伤。

2020—2022年新冠病毒疫情期间，很多与防疫相关的公司日进斗金，这种情形主要是因为当时防疫产品紧缺。当防疫产品供应充足时，这些公司的营业收入大幅下降。除了特效药品或者疫苗，大多数消费者购买防疫产品时并不会特别关注哪家公司的产品，只要符合国家标准的产品，买入价格低的就可以。当市场产品供应充足时，防疫产品公司就开始打价格战，难以形成持续差异化竞争优势，这类公司的未来确定性就比较低。

投资同质化航空公司的风险

1989年7月，巴菲特以3.58亿美元买入美国航空公司10年强制赎回的可转换优先股，每年固定股息率为9.25%，转股价格为60美元，如果股票价格上涨到60美元以上，可以选择把优先股转为普通股赚取差价。美国航空公司每年要付给伯克希尔公司的利息约为3300万美元，另外还有一项特别条款：如果美国航空公司延迟支付股息，每年要额外支付5%的补偿金。

航空业的产品和服务高度同质化，而且航空公司每次飞行都要支付燃油费、机组人员工资等固定成本，多卖出一张机票就可以抵消一点固定成本，这导致航空公司有强烈的动机通过降价来提高上座率，航空公司打价格战成为正常现象。美国航空公司经历航空业的价格战后营业收入大幅下降，但是成本没有同步下降。1990—1994年，美国航空公司累计亏损24亿美元，股东权益几乎耗尽。

美国航空公司在1994—1995年暂停支付优先股股息。1994年底，巴菲特将这笔投资的账面金额调整为8950万美元，账面浮亏75%。1996年下半年，美国航空公司才开始扭亏为盈，1997年，美国航空公司支付了每年9.25%的优先股股息，以及延迟支付的赔偿金，其股票价格从4美元涨到73美元。1998年，巴菲特卖掉了美国航空公司的股票。他说："以我的个人经验来说，航空业从来都是一个费力不赚钱的行业，你可以想象一下可口可乐公司老板和美国航空公司老板要面对的问题，你会发现美国航空公司老板必须比可口可乐公司老板聪明10倍以上，才能把美国航空公司的管理业绩拉到可口可乐公司的水平。"

当一家公司提供的是同质化的产品或服务时，这家公司很难比竞争对手赚取更多利润。巴菲特在1998年佛罗里达商学院演讲后回答听众提问时说："我在几年前买入美国航空公司优先股就是一个错误。我当时手里有很多闲置资金，我一有闲置资金就容易犯错误。查理让我别待在办公室里，赶紧去酒吧喝酒，但是我还是留在办公室，手里有闲置资金就做了傻事，我经常犯这样的错误。我当时买了美国航空公司的优先股，没有人强迫我买，是我自己要买的。我现在有一个免费热线电话，每次我只要想买航空股就会打这个电话，电话那边的人会安慰我，让我冷静下来。我说：‘我是沃伦，我又犯了想买航空公司股票的老毛病。’电话那边的人会说：‘你继续讲，别停下，别挂电话，别冲动。’我打完电话后，买航空股的冲动就过去了。我买了美国航空公司的优先股以后，差一点把所有投资本金都亏光了。我买入美国航空公司的优先股是因为能赚取固定的股息，但是美国航空公司的业务并不好。我对所罗门公司的优先股投资也是一样，我根本不想买所罗门公司的业务，只是为了赚取固定的股息，这也是一种错误（巴菲特买入7亿美元所罗门公司优先股，这家公司的主管人员在美国国债投标中欺诈，面临政府部门清算，巴菲特临时出任该公司董事长，经多方努力才挽回败局）。我本来不太喜欢公司的业务，却因为喜欢证券的收益条款而买了，这样的错误我过去犯过，将来可能还会犯，最大的错误是应该做的事没有去做。”

在2013年伯克希尔公司股东大会上有人提问：航空业改善的状况能否持续？伯克希尔公司已经拥有利捷航空，还会再买航空公司吗？巴菲特说：“第二个问题的答案是不会。有些行业即使只有两个竞争者，也有可能都表现得很糟糕，比如房利美公司和房地美公司就出现了这种情况。航空公司的固定成本很高，增量成本很低，航空公司愿意以很低的价格卖出一个座位。航空业兼具劳动密集型和资本密集型的特点，很大程度上是一种普通商品类型的公司。自从奥维尔·莱特兄弟的飞机‘飞行者1号’试飞成功以来，航空公司对投资者来说就是投资陷阱。如果航空业只有一个公司，而且没有任何监管，那么航空公司就是非常好的投资标的。”

芒格说：“航空公司的合并让我想起了过去几十年铁路上发生的事情。我们错过了这个故事，我们进入铁路行业非常晚。要造一条新铁路将面临众多困难，但是航空公司要开通一条新航线则非常容易。”

二、差异化竞争优势

差异化竞争优势是一家公司在品牌、产品、质量、服务或促销方面与竞争对手有明显差异并被客户认可的竞争优势。巴菲特将差异化竞争优势称为“经济特许权”，他在1991年致股东信中说：“如果一家公司的产品或服务具有以下三个特点：第一，产品或服务是顾客需要或者希望得到的，具有广阔的市场；第二，产品或服务被顾客认定为找不到其他类似的替代品；第三，产品或服务可以适当合理涨价而不会导致客户流失，那么，这家公司就拥有差异化竞争优势，这家公司能对其所提供的产品与服务进行主动提价，从而赚取更高收益。更重要的是，在某种情况下差异化竞争优势还能容忍不当的管理。也就是说，无能的经理人虽然会降低差异化竞争优势的获利能力，但是不会对这种优势造成致命的伤害。差异化竞争优势是一家公司持续取得超额利润的关键。”

具有差异化竞争优势的公司就是那些在消费者脑海里已经建立起了一种与众不同形象的公司，分为两种情况。第一，“品牌的差异化”，这类公司具有品牌话语权，比如贵州茅台、伊利乳业、公牛插座等，这些品牌受到消费者广泛的认同，在同类产品当中消费者愿意为其支付更高的价格，或者在同等价格条件下消费者愿意优先购买。第二，“产品或服务的差异化”，比如大疆无人机凭借优异的产品功能和质量，在民用无人机市场占有率达到世界第一，消费者愿意支付更高价格购买，即使是长期打压中国公司的美国，其政府部门也在使用，足以说明大疆无人机的品质和性能超越同行。

具有差异化竞争优势的公司可以有计划地提高其产品和服务的价格，而不必担心失去市场份额。巴菲特说：“评估一家公司最重要的因素就是产品定价权，如果这家公司能提高产品价格，同时不会失去市场份额让竞争对手获益，那么这家公司就能运营得很好；如果这家公司在提价10%之前还要开个祈祷会，那么这家公司的经营情况就很一般了。”

投资者分析一家公司是否具有差异化竞争优势，要考虑这家公司的产品和服务的可替代程度有多大，如果其产品或服务很容易被其他公司的产品或服务替代，就说明这家公司缺乏持续差异化竞争优势。比如在零部件制造行业，除非一家公司具有某种关键技术的专利权，否则在同等质量下，客户会采购更便宜的零部件，那么这家公司的未来就会存在很大的不确定性。

家用电器行业竞争激烈，家用电器功能接近，同质化严重，可替代程度比较高，难以形成差异化竞争优势。大多数消费者可能在几个大品牌中选择价格更低的产品，因而大多数家庭的家电品牌五花八门，市面上的大品牌都有，消费者难以形成品牌忠诚度。但是，个别家电龙头品牌的消费者认可度仍然会高于其他品牌，销量也会高于其他品牌，在家电龙头公司股票价格低迷时也可以少量投资。

吉列剃须刀的差异化竞争优势

吉列公司由金·吉列创建于1901年，是世界上剃须刀生产的最大厂商，具有差异化竞争优势。吉列剃须刀品质卓越，消费者使用后会倾向于继续使用，吉列的新一代产品也会被顾客接受。消费者每年更换剃须刀片花的钱很少，没有必要为了省一点钱而选择品质较差的其他品牌的产品。消费者对吉列剃须刀品牌有一定的忠诚度，使其具有一定的消费垄断特性。巴菲特说："当我躺在床上想到在我睡觉时，全世界大约有25亿男人的毛发仍在生长，我就会有非常舒服的感觉。而在吉列公司工作的人，更不会有失眠的问题了。"

巴菲特说："世界上每年剃须刀片消费量为200～210亿片，其中有30%是吉列公司生产的，吉列剃须刀占全球剃须刀销售额的60%，在某些国家和地区占有90%的市场份额，例如墨西哥和斯堪的那维亚。在现代人类生活中，一切都在发生变化，剃须同样也可以成为一种享受。剃须刀是人们日常生活中不可缺少的用品，而吉列公司一直致力于开发更好用的剃须刀，吉列公司的创新精神还体现在公司的分销能力以及它在消费者心中的地位等方面。吉列剃须刀拥有极高的市场占有率，在消费者心中具有不可替代的地位。剃须刀是男士们每天都要用到的东西，男士们每年只要花20美元就可以得到非常舒适的剃须体验，而现在男士们似乎越来越懒，大多数男士在有过这样的体验后便倾向于继续使用吉列剃须刀，而不会再选择吉列以外的其他品牌了。"

三、消费垄断

如果一家公司具有差异化竞争优势，与竞争对手有明显的区别，能比竞争对手更好地满足客户的某方面需求，让客户觉得这家公司的产品或服务难以替代，客户就不会轻易更换成其他公司的产品或服务，这家公司就具有"垄断"特性，投资者要优先选择这类公司。

巴菲特经常投资具有垄断特性的公司，包括区域垄断公司（比如华盛顿邮报公司）、行业垄断公司（比如大都会美国广播公司）或消费垄断公司（比如可口可乐公司），这些公司赚钱比较容易，未来确定性比较高，投资回报也会相对稳定。但是，许多公用事业公司（比如国家电网公司、自来水公司、电信公司）虽然也是垄断经营，但是它们属于公益性基础服务单位，往往因政府限价政策而不能随意涨价，大部分垄断型公用事业公司不是理想的投资标的。

消费垄断是差异化竞争优势中的一种，消费垄断的特点是产品或服务具有重复、持久、广泛和强烈的需求，消费垄断品牌凭借多年在消费者心中树立的形象，具有较大的商誉价值，消费者认为这些品牌难以找到替代品或者没有替代品。消费垄断公司具有较强的定价权，能够抵御通货膨胀和同类产品的低价竞争，这样的公司具有持续差异化竞争优势，具有宽阔的护城河，能够获得超额收益。

（一）科技公司的消费垄断

假设某家科技公司具有领先技术，暂时成为行业领头羊，但如果其他公司开发了成本更低、效果更好的新技术，可能打破原有的技术垄断，这是科技公司未来不确定的根本原因，也是巴菲特很长一段时间不愿意投资科技公司的根本原因，他始终强调要投资未来确定性比较高的公司。但如果一家领先的科技公司同时具备消费垄断属性，未来确定性就比较高。

苹果手机的消费垄断

根据2021年伯克希尔公司的年度报告，伯克希尔公司持股中市值最高的是苹果公司。苹果手机具有科技和消费双重属性，以前一直说不懂科技公司的巴菲特在经过充分研究后把苹果公司作为第一重仓股。巴菲特投资苹果公司主要看中的是其消费属性而不是科技属性，他发现苹果手机在美国的普及率非常高，包括自己的子孙都在用苹果手机。苹果手机具有差异化竞争优势，品质优良并且拥有自己开发的独有操作系统，消费者购买了苹果手机并且习惯这套操作系统后，在更换手机时会优先购买苹果手机。即使苹果手机每年适当提价，原有的苹果手机用户对价格普遍不敏感，更换手机时仍然愿意购买苹果手机，这就形成了用户依赖，属于事实上的消费垄断。华为手机也有类似的消费垄断特性。

Windows 系统的消费垄断

微软公司的个人电脑操作系统 Windows 的市场占有率长期维持在90%左右，具有明显的差异化竞争优势。Windows 系统具有科技和消费双重属性，大部分消费者已经习惯使用 Windows 系统，如果消费者购买新电脑，也会倾向于使用 Windows 系统。现有的大部分电脑软件也都是基于 Windows 系统开发的，这形成了一个 Windows 系统的商业生态圈。即使竞争对手开发了新款电脑操作系统，由于缺乏用户基础，没有相应配套的应用软件，消费者也不愿意把重要资料转移到前景不明的新操作系统中，即使免费供用户使用，也很难抢占 Windows 系统的市场。

微信的消费垄断

腾讯控股公司的微信同时具备科技和消费属性，我国多数网民重度依赖微信。随着中国的影响力不断提高，越来越多的外国人也通过微信与中国人保持联系，微信的影响力仍然在增长。市面上曾经出现了众多即时通信软件和微信争抢市场份额，但是最终并不成功，这充分说明微信的绝对消费垄断地位。腾讯控股公司围绕微信创建了很多盈利模式，未来几年仍然具备持续竞争优势。

（二）食品饮料药品的消费垄断

消费者对于要吃进嘴里的产品更加挑剔，会优先选择知名品牌或自己经常购买的品牌，与食品和饮料有关的龙头品牌可能具备消费垄断特性。

对于从外观就能大致判断品质的产品，比如水果、蔬菜、海鲜，这些产品严重同质化，很难形成差异化竞争优势。与食品有关的产品如果无法从外观判断品质，品牌就非常很重要，比如乳制品、调味品、副食品、肉制品、酒类等，消费者会倾向于选择自己熟悉的品牌，形成重复购买。如果大多数消费者倾向于购买一两个龙头大品牌，就会形成事实上的消费垄断，这类品牌即使比其他品牌价格高，消费者也愿意购买，这类公司具有持续差异化竞争优势，未来发展的确定性更高，更值得投资。

投资者可以观察家里经常重复购买的食品饮料品牌，可能有些品牌已经连续购买一二十年了。这些品牌已经具备消费垄断甚至成瘾性特征，已经成为生活必需品，消费者会习惯性购买，不买一些放家里就感觉“心里空荡荡的”，类似于“上瘾”的感觉，这本质上也是固有的潜意识作祟，甚至当它们随着通货膨胀而不断提价，消费者也会继续购买，这些品牌背后的公司就可以保证持续的现金流入，投资者在股票价格低迷时投资这些公司就可以有较好的盈利预期。

有些产品是救命的，必须重复购买，比如糖尿病、心脑血管疾病（高血压、心脏病、中风）等慢性疾病无法根治而且会导致很多并发症，患者必须长期吃药，如果某家制药公司能提供独家特效药品并且有广阔的市场需求，患者不得不花重金重复购买，就形成事实上的消费垄断。如果很多制药公司都能提供治疗效果近似的药品就属于同质化竞争，可能导致价格战。对于制药公司，投资者要判断这家公司的主营产品是否具有市场独家专利垄断或者国家保密配方，专利期还能持续多少年。如果主营产品专利即将到期，未来可持续盈利的确定性就会大大降低。

可口可乐的消费垄断

可口可乐公司创立于1886年，是世界上最大的饮料公司，可口可乐在新兴国家的销量还在不断上升。可口可乐公司是世界上最典型的消费垄断公司之一，自成立以来的核心产品都是可口可乐。巴菲特说：“你的一生能有一个好点子就已经很幸运了，而可口可乐基本上就是世界最大的一笔业务。可口可乐是世界上最有影响力的品牌，价格非常合理，深受人们喜爱，在各个国家可口可乐的人均销售量每年都在增加，没有哪一种产品能达到可口可乐这样的水平。”

可口可乐公司董事长罗伯特·温士普·伍德鲁福说：“只要可口可乐这个品牌在，即使有一天可口可乐公司在大火中化为灰烬，那么第二天早上，全世界新闻媒体的头条消息就将是各大银行争着向可口可乐公司贷款。”

全球零售行业巨头沃尔玛公司调查发现：消费者如果不看品牌，仅通过品尝无法分辨可口可乐、百事可乐和沃尔玛可乐。根据这一结果，沃尔玛公司推出了沃尔玛可乐，通过公司旗下数千家沃尔玛超市销售。沃尔玛可乐在沃尔玛超市占据最好的位置，而且售价也只是百事可乐和可口可乐的一半。但是，沃尔玛可乐完全无法影响百事可乐和可口可乐的销售，最终由于销量不佳很快销声匿迹了。经常喝可口可乐的消费者认为可口可乐好于其他可乐，与其他品牌可乐具有差异，愿意为可口可乐支付更高的价格，这充分体现了可口可乐的消费垄断特性。

巴菲特在1997年伯克希尔公司股东大会上说："在消费产品方面，你的兴趣应该是找到某种产品，世界上有多少人会在脑子里想着它？这些人是怎么想的？10年、20年后，这些人对这一产品的想法可能是什么样的？这个世界上几乎每一个人，我们把数量削减到全世界75%的人脑子里多少都会想着可口可乐，可口可乐对他们来说意味着与众不同。与此相比，假设有一款可乐名为RC可乐，RC可乐对地球上几乎任何一个人来说都毫无意义。当然，RC可乐公司的老板以及灌装厂对RC可乐肯定有想法，但是世界上差不多每一个人对可口可乐都有些想法。喜欢可口可乐的人占大多数，可口可乐带给人们的体验是愉悦的。之所以会这样，部分原因是源于可口可乐的设计。另外，可口可乐经常出现在欢乐的场合，比如迪士尼乐园和棒球比赛场等充满欢乐的场所，包括我们伯克希尔公司年度股东大会。可口可乐在全球200多个国家的消费者心目中的地位相当稳固，并将在更多消费者的心目中建立稳固的地位，10年后这种情况会逐渐得到强化。所以，一家公司的产品重要的不是占领多少市场份额，而是占领多少消费者的心智份额。"

◇第五节　优先选择有低成本竞争优势的公司

一、低成本竞争优势

低成本竞争优势是指一家公司通过严格控制成本和费用，尽量简化产品或服务，使总成本低于竞争对手甚至在同行业中保持最低的水平，这家公司凭借这种优势便可在竞争中处于优势地位。具有低成本优势的公司能获得超出行业平均水平的收益率，这家公司能在同等售价的情况下取得更高利润，或者以低于竞争对手的售价取得同等或更高的利润。这一优势在行业内爆发价格战时尤其明显，这时具有低成本优势的公司还存在盈利空间。

低成本竞争优势一般出现在以下行业：一、行业内各家公司的产品基本上是标准化或者同质化的，价格竞争非常激烈。二、用户的转换成本很低，其购买决策主要取决于价格。比如水泥，只要是符合国家标准的水泥，不论用什么品牌的水泥铺马路都没有差别，关键是价格。再比如零售超市，规模相近的两家超市销售的产品大同小异，很难差异化，最终就要打价格战。

要注意的是，很多低成本运营的公司收益很低，投资这类公司很难为投资者创造价值，这类公司是不值得投资的。低成本只是手段而不是目的，高收益才是目的，只有通过低成本产生高收益的公司才值得投资。

二、低成本有助于实现高利润

巴菲特说："每当我听到某公司提出成本削减计划时，我会认为这家公司对成本控制还不够了解，因为成本控制这件事，短期突击无法解决问题，这就像我们每天早上醒来时无须下定决心说：'好，现在开始呼吸吧！'一位真正优秀的公司经理人也不会在某一天突然宣布说：'今天就是我们公司削减成本的日子！'"

习惯高成本运营的经理人总是会想方设法地花费更多的钱，习惯低成本运营的经理人总是会千方百计地节省更多的钱。巴菲特说："我们过去的经验表明，一家经营成本高昂公司的经理人，总是能找到各种各样增加公司开支的办法；而一家经营成本被严格控制的公司经理人，即使其经营成本水平已经远远低于竞争对手，仍然会继续寻找更多降低成本的方法。"

巴菲特严格控制成本，他在 1992 年致股东信中说："认真阅读公司年度报告的股东应该会发现，与 1991 年的 560 万美元营业费用相比，

1992年的420万美元的营业费用要少很多，或许各位股东会以为是我把伯克希尔公司专机‘无可辩解号’给卖掉了，这是不可能的！除非我退休，否则谁都别想打这架飞机的主意（对于这点我个人展现了前所未有的转折，几年前我曾经强烈反对公司购买专机，不过到最后我的理念还是屈服了）。伯克希尔公司营业费用的减少主要是因为1991年的营业费用特别高，当时因为要一次性提列1970年之前因纺织业务而产生的环境相关费用，而现在一切恢复正常，所以我们税后费用占营业收益的比例不到1%，占透视收益的比例更低于0.5%。伯克希尔公司没有法律部、人事部、公关部、营运部或者企划部，我们也不需要保安、司机或是打杂的人，我们也没有聘请任何顾问，帕金森教授（西里尔·诺斯科特·帕金森，英国著名历史学家，提出‘帕金森法则’等）一定会喜欢我们的营运模式。虽然如此，查理还是认为我们公司的组织结构过于繁杂。某些公司的营业费用可能占营业收益的10%以上，10%的营业费用占比不但对于公司的净利润有相当负面的影响，同时也会损害公司价值。对于一家总部费用占营业收益10%的公司，投资者可能因为公司总部额外的费用就要遭受9%以上的损失。查理和我通过多年观察认为，一家公司总部的高成本与这家公司的业绩改善没有任何关系，组织结构更简单、成本更低的公司，会比那些拥有庞大官僚组织的公司更有效率。就这点来说，我们相当佩服沃尔玛公司、纽柯公司、多佛公司、政府雇员保险公司和金色西部金融公司。”

富国银行严控成本

1852年，美国运通创始人亨利·威尔斯和威廉姆·法哥创立了富国银行。1983年，卡尔·理查德开始掌管富国银行时，这家银行正处于混乱当中。理查德开始严格控制成本：关闭主管专用餐厅，关闭高管专用电梯，出售公司飞机，禁止用绿色植物做装饰以减少维护费用，取消免费咖啡。理查德开会坐的旧椅子已经破损，海绵都露在外面，但是他还是继续使用。

富国银行的营运成本比第一洲际银行或美国银行更低，而理查德一旦把成本控制住以后，就不让成本再次增加，从而能持续地改善富国银行的收益状况。在他的努力下，富国银行成本增幅远小于收入增幅，公司的财务状况明显改善。

1989年，伯克希尔公司投入2.89亿美元买入500万股富国银行股票，平均每股买入价为57.88美元，占富国银行总股本的9.7%，接近无须向美国联邦储备委员会申报的10%上限，成为富国银行最大的股东。

巴菲特喜欢时刻控制成本的经理人，理查德就是其中一位。一个富国银行主管打算在办公室布置圣诞装饰时，理查德告诉那位主管要用他自己的钱来买，不能花银行的钱。芒格在1991年伯克希尔公司股东大会上说："我们听说这件事后，买了更多富国银行的股票。"

巴菲特在1990年致股东信中说："银行业并不是我们的最爱，因为银行业的特点是总资产大约是股东权益的20倍，只要资产发生问题，就有可能把股东权益全部亏光，而大银行出问题早已是常态。许多问题是由于银行管理层的疏失，就像去年我们曾提到的盲目模仿：管理层会模仿其他同行的做法，不论同行的行为有多么愚蠢。许多银行业者在从事放款业务时也都像旅鼠一样盲目跟风，所以现在他们也必须承担与旅鼠一样的命运。由于银行的总资产是股东权益的20倍，使得所有的优点与缺点所造成的影响都会被放大，我们对于用便宜的价格买下经营不善的银行没有兴趣。与此相反，我们希望能够以合理的价格买进一些经营良好的银行。在富国银行，我认为我们找到了银行界最好的经理人卡尔·理查德与保罗·黑曾，在许多方面这个双人组合使我想到另外一对搭档，那就是大都会美国广播公司的汤姆·墨菲与丹·伯克。首先，这两对组合合作的力量都大于他们个人分别单干，因为组合中的每个成员都了解、信任并尊敬对方；其次，这两对组合对于有才能的人总是慷慨大方，但是厌恶过多的人员配置；第三，不论公司盈利状况良好，还是面临盈利压力之时，这两对组合都坚持削减成本；最后，这两对组合都坚持从事自己所熟悉的领域，基于他们的能力来确定努力的目标。（国际商业机器公司创始人老托马斯·沃森同样遵循这一原则，他说：'我不是天才，我只是在某些方面比较聪明，所以我只在这些方面努力。'）"

截至2012年，伯克希尔公司共持有45617万股富国银行股票，持股成本109.06亿美元，持股市值155.9亿美元。在1992—2022年，伯克希尔公司多次增持或减持富国银行股票，兑现了部分利润，前后持有富国银行股票长达33年，最终于2022年将富国银行股票全部卖出。

大都会美国广播公司降本增效

1985年，大都会广播公司首席执行官汤姆·墨菲提出以每股121美元的价格收购美国广播公司，这个价格是宣布收购前美国广播公司股票价格的两倍。同一年，伯克希尔公司出资5.175亿美元买入300万股大都会广播公司新发行的股票，平均每股买入价格为172.5美元，占大都会广播公司总股本的18.5%。

除了伯克希尔公司注资提供的5亿多美元，大都会广播公司又向银行贷款21亿美元，出售了9亿美元非核心电视台、广播电台等资产，一共取得了35亿美元，并在1986年完成了对美国广播公司的并购，这次并购是电视广播行业历史上最大宗的交易，并购完成后，公司更名为大都会美国广播公司。大都会美国广播公司拥有约100家发行商、几家24小时播放的电台、24个主流电视频道和超过50个有线电视网络，在20世纪80年代，电视和电台是主要媒体之一，大都会美国广播公司有很强的竞争优势，在美国具有垄断地位。

墨菲严格控制成本，大都会广播公司没有修建办公大楼，公司总部只是一幢小楼，墨菲的办公室也十分简朴。有一次粉刷公司总部时，墨菲只允许粉刷朝着大街的两面墙，另外两面墙由于对着哈德逊河而不粉刷，以此节约费用。合并一年后，美国广播公司收入急剧减少，成本严重失控，从盈利1.3亿美元变成亏损7000万美元。墨菲出售了美国广播公司的办公大楼，解雇了1500名员工，关闭了高管专用餐厅和电梯，出售了公司的豪华轿车，并重新制定了薪酬体系。美国广播公司经过大幅度削减成本，变成了一个盈利稳定的公司。

1993年，巴菲特以每股630美元卖出了100万股大都会美国广播公司股票，净收益为2.97亿美元，伯克希尔公司持股总数从300万股变为200万股。至1995年年底，伯克希尔公司持有大都会美国广播公司200万股，投资成本3.45亿美元，持有总市值24.675亿美元，账面浮盈21.225亿美元，投资收益率高达615.22%。1995年，迪士尼公司收购了大都会美国广播公司，巴菲特将大都会美国广播公司股票全部转换成迪士尼公司股票，并额外购买了部分迪士尼公司股票。

内布拉斯加家具卖场的低成本竞争优势

内布拉斯加家具卖场的创始人是罗斯·布鲁姆金，大家都称她为B夫人。1937年，B夫人用自己的积蓄500美元在地下室开了一家家具店——内布拉斯加家具卖场，她把家具批发来后，只加价10%销售给客户，因此家具店业务火爆，规模不断扩大，后来发展成为售卖各种家居用品的大型商场。

内布拉斯加家具卖场直接从厂商采购家居用品，只在批发价上加一点差价，以市场上最低的价格销售给客户。低价带来更多的客户，更多的客户会带来更大的销售规模，更大的销售规模可以进一步压低进货价，更低的成本可以为顾客带来更低的价格，从而形成良性循环。内布拉斯加家具卖场逐渐发展成为本地最受欢迎的综合性家居商品卖场，每年销售额都在增加。当地的其他家居用品店面对这种低价竞争，大多关门倒闭，很多外地家居零售连锁店都不敢在当地开店。

B夫人买东西总是付现金，因而内布拉斯加家具卖场没有负债，而且这家卖场的销售和管理费用极低。1983年，内布拉斯加家具卖场年收入是1亿美元，销售和管理费用为700万美元，只占年收入的7%。同年，沃尔玛公司的销售和管理费用占到年收入的19.8%（不包括占收入1%的利息支出和租赁成本）。内布拉斯加家具卖场的销售和管理费用在收入中所占比例只有沃尔玛公司的大约1/3。

1983年，内布拉斯加家具卖场在20万平方英尺（约0.02平方千米）的卖场创造了1亿美元的收入，每平方英尺销售额高达500美元。同年，沃尔玛公司的550个门店总计2582.5万平方英尺（约2.40平方千米）的面积销售额为33.7亿美元，每平方英尺（约0.09平方米）销售额只有130美元。内布拉斯加家具卖场每平方英尺创造的销售额是沃尔玛公司的3.85倍。

1983年，巴菲特以5500万美元收购内布拉斯加家具卖场80%的股份，B夫人家族保留了20%的股份。我们通过计算得出，内布拉斯加家具卖场的总体估值为6875万美元。收购完成后，工作人员盘点内布拉斯加家具卖场的净资产价值，高达 8500 万美元，巴菲特以远低于净资产价值的价格买入内布拉斯加家具卖场。

巴菲特在 1983 年致股东信中说：“内布拉斯加家具卖场拥有 20 万平方英尺的营业面积，年销售额高达 1 亿美元，全美国没有任何一家零售家具店的规模可以比得上内布拉斯加家具卖场，这家店卖出的家具、地毯与家居用品超过奥马哈市所有竞争对手的销量总和。当我们在评估一家企业的时候，我常常会问自己一个问题：如果我有足够的资金与优秀的人才，我是否愿意和这家公司竞争？我宁愿和大灰熊摔跤，也不愿意和 B 夫人竞争。B 夫人有一套非常有效的采购方法，他们的营业成本低到竞争对手做梦都想不到的地步，B 夫人会将节约的每一分钱回馈给顾客和股东。内布拉斯加家具卖场是一家完美的企业，能够持续为客户和股东创造价值。”

1983 年，内布拉斯加家具卖场的净利润约为 810 万美元；1993 年，其净利润为 1040 万美元。伯克希尔公司在 1983—1993 年共收到了约 8000 万美元的利润分红。

第四章
投资环境

CHAPTER 4

第一节　市场先生

第二节　正确对待股票价格波动

第三节　远离有效市场理论

第四节　放弃市场预测

第五节　选择不容易受宏观经济变化影响的公司

巴菲特在1996年致股东信中说："投资者要想成功投资，无须懂得贝塔值、有效市场理论、现代投资组合理论、期权定价或是新兴市场，事实上大家最好对这些学术名词一无所知，当然我的这种看法与信奉这些理论的学术界的主流观点有着根本的不同。我认为学习投资的学生们只要接受两门课程的良好教育就足够了，一门课程是如何评估公司价值，另一门课程是如何看待市场价格。"本章将重点探讨市场价格，公司价值评估将在第十章"公司估值"中加以论述。

◇第一节　市场先生

巴菲特在1987年致股东信中说："很久以前，我的老师本杰明·格雷厄姆曾描述过对待股票价格波动的正确心态，我认为这种心态对于投资的成功与否具有特别重要的意义。你可以设想股票市场报价来自于一位特别乐于助人的人，他被称为'市场先生'，他是你合伙公司的股东。市场先生每天都会出现，报出一个他既可以买入你的股票也可以卖给你股票的价格，尽管你们俩的合伙公司具有非常稳定的经济特性，但是市场先生的报价却有各种可能性。不幸的是，这个可怜的家伙有情绪不稳定的毛病。有时候市场先生心情愉快，只看见对公司发展有利的因素，在这种情况下他会报出非常高的价格，因为他害怕你会看上他持有的股票，抢走他即将获得的利润；有时候市场先生意志消沉，只看到公司前途暗淡，在这种情况下他会报出非常低的价格，因为他害怕你会将股票卖给他。但是，市场先生也有一个讨人喜欢的特点：他从不介意无人理睬他的报价，如果今天他的报价不能引起你的兴趣，明天他会再给出一个新的报价，但是，是否买卖股票完全由你决定，在这种情况下市场先生越狂躁或者越抑郁，对你就越有利。"

市场先生就是除投资者本人之外，投资者持有股票的公司其他股东的总和。股票市场可以理解为投资者本人和市场先生两个人之间的相互博弈。市场先生的情绪不稳定，有时亢奋，有时低落，他会在情绪的左右下做出很多错误的事，投资者可以利用市场先生的错误获利。巴菲特说："情绪定力是投资成功的关键，我可以告诉你们一个好消息：想要成为一个伟大的投资家不需要极高的智商。如果你的智商达到了160，可以卖给别人30，因为在投资活动中，你不需要那么高的智商。你真正需要的是正确的性情，要能够独立思考做出判断，不随波逐流。"

股票价格是不同投资者不同心态反映的总体效应。从短期来看，股票价格是无法预测的；从长期来看，股票价格是可以预测的，它最终会反映公司价值，但是无法确定具体需要多长时间才能与公司价值相符。投资者可以利用股票价格波动来盈利，当股票价格远低于公司价值时买入股票，当股票价格远高于公司价值时卖出股票。

巴菲特说："当别人贪婪时恐惧，当别人恐惧时贪婪。"当别人都因为看好而大量买入时，股票价格可能远高于公司价值，投资者要心怀恐惧，不要轻易入场。当别人都不看好而不敢买入时，股票价格可能会远低于公司价值，投资者要充满贪婪，逢低买入股票。股票价格大跌之后会形成巨大的安全边际，这是低价买入的良机，市场重新认识到公司价值之后，股票价格将会大幅回升。

巴菲特在《聪明的投资者》第四版的前言中说："投资者要想投资成功不需要很高的智商、超凡的商业眼光或是关键内幕消息，投资者需要的是一个稳健的投资知识体系作为投资决策时的基础，以及有能力控制自己的情绪，保持理性思考的定力。格雷厄姆在《聪明的投资者》一书中非常明确地告诉我们正确的投资决策知识体系，但是投资成功的另一个要素情绪定力则要投资者自己来培养。如果你遵循格雷厄姆所倡导的投资准则，那么你将会获得不错的投资成果。投资者的投资业绩将取决于投资者在投资中的努力与智慧，以及在投资者的投资生涯中股票市场所表现的愚蠢程度，股票市场的表现越愚蠢，善于捕捉机会的投资者的成功概率就越大。如果投资者遵循格雷厄姆的投资原则，就能够从别人的愚蠢行为中受益，否则也会干出蠢事而让别人受益。"

巴菲特在1987年致股东信中说：“我个人认为，投资成功不是靠复杂难解的公式、计算机运算或是股票价格行情波动，投资成功靠的是优异的商业判断，同时避免让自己的想法和行为受到市场情绪的干扰。根据我个人的经验，投资者要想避免市场情绪的影响，最好的方法就是将本杰明·格雷厄姆有关市场先生的比喻牢记于心。”

巴菲特在1987年致股东信中说：“就像童话故事里参加舞会的灰姑娘，一定要在午夜12点前离开，否则马车将会变回南瓜。市场先生是为你服务的，千万不要受他的诱惑反而被他所引导，对我们有意义的是市场先生的钱袋，而不是市场先生的想法。如果某一天市场先生表现得很愚蠢，那么你可以完全忽略他或者利用他，但是，如果你受到市场先生愚蠢想法的影响，你的下场可能会很悲惨。如果你不能确定你远比市场先生更了解你们的合伙公司，那么你最好不要参加这场游戏。就像扑克牌游戏里说的那样，如果你玩了30分钟还不知道谁是傻瓜，你就是那个傻瓜。”

巴菲特在2013年致股东信中说：“在我的两项投资（奥马哈的农场和纽约市的房产）和股票投资之间有一个重要的区别，那就是投资者随时都知道股票的价格，而我却从没见过我的农场或纽约房产的报价。疯狂波动的股票价格原本应该成为股票投资者的一项巨大优势，对部分投资者来说是这样的。毕竟如果有一个喜怒无常的人每天给我报价，愿意以此报价来购买我的农场或者将他的农场卖给我，并且这些报价会根据他的精神状态在短期内剧烈变化，那我不就可以从这个人疯狂的行为中赚钱吗？如果他的报价低得可笑，而我又有些闲置资金，那我就可以买入他的农场；如果他的报价高得荒谬，我要么就把我的农场卖给他，要么继续耕种我的农作物。但是股票持有者往往容易被其他持股者的反复无常和不理性所影响，最后自己也变得不理性。市场上的噪声太多了，包括经济状况、市场利率、股价走势等等。一些投资者认为听权威人士的意见很重要，更糟糕的是这些投资者还认为参考权威人士的评论来投资很重要。那些拥有农场或房子的人能够持有资产几十年，但是当他们接触到大量股票报价，加上评论员总在暗示‘别光坐着，来交易吧！’，他们往往就会变得狂热起来。对这些投资者来说，股票流动性本来是一项可以拥有的绝对优势，但是现在却变成了一种诅咒。”

◇第二节　正确对待股票价格波动

一、股票价格波动不是风险

格雷厄姆说："当一种证券价格可能下跌一定幅度时，有人就将它称为风险，哪怕这个下跌可能仅仅是周期性的或暂时性的，并且也没人强迫证券持有人在这个时候出售，但是我相信这里所包含的东西不是真正的风险。与普通商业相联系的风险是用资金损失的可能性来衡量，而不是用如果证券持有者被迫出售证券时将会发生什么来衡量。"

巴菲特在 1993 年致股东信中说："学术专家们喜欢对投资风险给出不同定义，他们断定投资风险是指某只股票或某个投资组合相对于股票市场整体的波动幅度。这些学术专家运用数据资料与统计技巧，精确计算出了每只股票的市场价格的历史相对波动性贝塔值，然后根据这些计算结果建立复杂难懂的投资和资本配置理论。学术专家们希望能以单一的统计数据去衡量风险，但是他们忘了一条基本原则：模糊的正确好于精确的错误。

"学术专家对于风险的定义实在是有些不着边际甚至有点可笑。举例来说，根据贝塔值理论，如果一只股票的价格相对于股票市场大盘出现了更大的下跌幅度，就像我们在 1973 年买进华盛顿邮报公司时一样，那么在其低价位买入的投资风险，比原来处于高价位买入的投资风险反而更大。按照这个理论的逻辑，如果有人愿意以极低的价格把整家公司卖给你，你是否也认为其风险会比以高价卖给你的时候更大呢？事实上，真正的投资者喜欢股票价格波动，本杰明·格雷厄姆在《聪明的投资者》一书中说，市场先生每天都会出现在投资者面前，只要投资者愿意，都可以从他那里买进股票或者把你的股票卖给他，市场先生越沮丧，投资者拥有的机会也就越多，这是由于股票市场价格波动的幅度越大，一些优秀的公司就更有可能出现超低的价格。很难想象这种低价买入的机会被投资者视为风险更高，投资者完全可以无视市场先生的存在或者利用市场先生的愚蠢行为获利。

“在评估风险时，信奉贝塔值的人根本不想了解公司到底生产什么产品、公司竞争对手的动态、公司的资产负债率，他们甚至都不想了解公司的名字，他们只关注公司的股票历史价格。与此相反，我们完全不理会一家公司的股票历史价格，只是希望能尽可能多地去研究有关公司的各种资料。我们买进股票之后，即使股票市场关闭一两年对我们都没有影响。既然我们无须通过了解我们持有100%股份的喜诗糖果公司或布朗鞋业公司的每日报价（这两家公司都没有上市）来证明我们的投资是否成功，那么为什么我们有必要知道我们持有7%股份的可口可乐公司的每日股票价格行情呢?

“我们认为投资者需要评估的真正风险，是一项投资在预计持有的期间内所获得的税后收入（包含出售股票的收入）是否能够让他保持原有的购买力，然后加上投资者同期可以得到的一个合理利率。虽然这样的风险评估无法做到像工程计算般精确，但是它至少可以帮助投资者做出有效判断。在评估风险时，投资者需要考虑的主要因素有：一、公司具有持续竞争优势的确定性；二、公司管理层能够最大限度挖掘公司潜能及有效利用现金的确定性；三、公司管理层能够将公司获得的利润回馈给股东，而不是装入自己口袋的确定性；四、买进这家公司的价格是否足够低；五、从投资的总体回报中扣除的税率和通胀率。以上这5项因素或许会让许多证券分析师感到困扰，因为他们无法从任何一个数据库中找到与此相关的信息。但是，很难精确定义并不代表它们就不重要或者问题无法解决，就像波特·斯图尔特法官（美国联邦最高法院前大法官）发现根本无法对何谓淫秽做出准确描述，但是他还是坚持说：‘只要我一看到，就知道是不是淫秽。’同样，对于投资者来说，只要运用一个不太精确但是有用的方式，即使不依靠复杂的数学公式或考察公司股票的历史价格，仍然可以看出隐藏在某些投资里的风险。”

二、正确对待股票价格波动

美国参议院银行与货币委员会曾在1955年3月11日举行关于影响

股票买卖因素的听证会，巴菲特的老师格雷厄姆受邀参加了这次听证会。在听证会上，委员会主席问格雷厄姆："当你发现一个特殊情况，比如你可以以每股10美元购进一只股票，而你认为这只股票市场价值为每股30美元，当你持有这只股票以后，除非公众认为这只股票值每股30美元，你才能获得每股20美元的利润，这个过程是如何进行的，是通过广告宣传还是其他手段呢?"格雷厄姆说："这正是我们行业的一个神秘之处，我也跟其他人一样对此感到神秘。但是根据我们的经验，股票价格最终会与公司价值相符，也就是说，目前这只价格很低的股票，将来总有一天会体现它的价值。"

股票市场和商品市场一样遵循价值规律。商品市场的价值规律表现形式是：在商品交换过程中由于商品供求关系的影响，商品价格会围绕商品价值上下波动。股票市场的价值规律表现形式是：从短期来看，股票价格经常背离公司价值，其短期波动是无法预测的；从长期来看，股票价格必然回归公司价值，其长期趋势是可以预测的。巴菲特说："我无法预测股票价格的短期波动，我对未来6个月、未来一年或未来两年内的股票价格走势一无所知，但是我认为股票价格的长期趋势预测相当容易。格雷厄姆说：'从短期来看，市场是一台投票机；从长期来看，市场是一台称重器。贪婪与恐惧或许在投票时很有作用，但是在称重时却没有什么作用。'"

虽然股票价格与公司价值在一段时间里会有较强的相关性，但是股票价格反映公司价值的时机却难以准确判断，即使股票价格在一段时间内能反映公司价值，但是大部分时间股票价格都会背离公司价值。由于股票价格围绕公司价值上下波动，只要公司价值不断增加，长期来看股票价格必然上涨，但是短期内也有可能下跌。巴菲特说："我们宁愿要波浪起伏的15%的回报率，也不要四平八稳的12%的回报率。"

美国麦哲伦基金经理彼得·林奇说："股票价格下跌对投资者来说是个极好的机会，十分优秀的公司股票会变得很便宜，这是投资者捡便宜的大好时机。投资者可以买入自己喜爱的股票，这些便宜的股票是那些在惊慌中逃离股票市场的投资者所卖出来的。如果你是那种会在恐慌中抛售一切股票的人，你就该远离股票市场。当股票价格止跌回升时，把钱撤出来的投资者会比把钱投进去的投资者损失更大。”

由于股票价格始终会围绕公司价值上下波动，投资者要做的就是购买价格远低于价值的股票，然后坐等股票价格回归公司价值。即使股票价格处于历史高位，只要低于公司价值，仍然可以买入；反之，即使股票价格处于历史低位，只要高于公司价值，就不能买入。一家具有持续竞争优势的公司，其公司价值会持续提升，股票市值也会围绕公司价值持续提升，如果公司股票数量保持不变，股票价格必然跟随公司价值持续提升，因而一家公司的历史股票价格不能作为买入或卖出的参考指标。投资者要忽视股票的历史价格，而是以公司价值作为买入或卖出的参考指标。

巴菲特在 1987 年致股东信中说：“查理和我都认为应该让我们投资的公司的营运业绩来说明我们的投资决策是否正确，而不是靠我们投资的公司的每日股票价格行情。股票市场或许会暂时忽略公司经营上的成功，但是最终会反映公司的真实价值，就像格雷厄姆所说的：‘从短期来看，股票市场是一个投票机，但从长期来看，股票市场却是一个称重器。’一家公司的成功有没有马上得到股票市场的认同并不重要，只要这家公司的价值以稳定的速度增长就可以。事实上，股票市场较晚认同一家公司的成功对我们更有利，因为它可以给我们充分的机会以较低的价格买入更多股票。”

投资者无须每天通过电脑或手机查看股票价格行情，因为从股票市场持续获利的关键在于购买股票前充分研究分析，投资能否获利和盈利的大小应该在投资前就要确定下来。巴菲特说：“股票市场如果关闭一两年，我不会在意，对我没有任何影响。股票市场现在每周末没有交易，也不会让我产生任何困扰。一个交易繁忙的股票市场不可否认是不错的，因为它为我们提供了大量的交易机会，但是，交易股票却不是绝对必要的事。如果我们持有的股票长期没有交易，对我们没有任何影响，就像伯克希尔公司旗下的世界图书公司和费奇海默公司缺乏每日股票报价不会使我们坐立不安（两家公司都没有上市）。最终，我们的经济命运将取决于我们拥有的公司的经济命运，无论我们的所有权是部分的还是全部的。”

投资者不要寄希望于买入股票后马上出现账面浮盈，买进股票的最好时机往往是在股票价格大跌之后。只有在股票价格最低点买入才不会出现账面浮亏，但是投资者无法预测股票价格最低点，买入股票后大概率还会继续下跌，所以看到账面浮亏是很正常的。短期的市场波动会带来暂时的账面浮亏，但是这种账面浮亏并没有造成任何实际损失，有时候股票的真正价值需要较长的时间才能反映出来，这就要求投资者有足够的定力。比如每股价值 100 元的股票的价格跌到了 50 元，投资者以 50 元的价格买入了，但是这只股票又跌到了 40 元，这是很正常的，如果投资者认可这只股票价值 100 元，就可以继续以 40 元的价格买入。

格雷厄姆说："长期来看，股票市场是一个称重器，即使它在短期内常常表现得起起落落。以我对美国股票市场的了解，市场要恢复正常通常来说需要两到三年的时间。但是，如果投资者每天都看报纸查阅股票价格，那日子可就难熬了。"

商品市场上，随着商品价格上涨，购买数量开始下降；当商品价格下跌时，购买数量开始增加。但是在股票市场上，如果股票价格上涨，很多投资者会买入更多股票，希望股票价格继续上涨；如果股票价格下跌，很多投资者会卖出股票，规避股票价格继续下跌。如果一只股票的每股内在价值为 100 元，当投资者在每股 60 元的时候买入，感觉捡了个便宜，那么当股票价格跌到每股 50 元的时候，投资者应该要更高兴，因为现在可以用更便宜的价格买到自己喜欢的股票。

美国橡树资本管理有限公司创始人霍华德·马克斯说："大多数投资者总是害怕看错，与所有在具有挑战性的环境中运用技巧的人一样，优秀投资者的成功率远低于 100%，与此相反，优秀投资者却是以错误和暴跌为特征。正确的判断不一定能马上被证实，即使是最顶尖的投资者也常常犯错，如果投资者不习惯这一点，还是从事其他行业吧。"

巴菲特在 1990 年致股东信中说："以长期投资作为终生目标的投资者对于股票价格波动也应该采取同样的态度，千万不要因为股票价格上涨就欢欣鼓舞，因为股票价格下跌就垂头丧气。奇怪的是，投资者对于食物价格就不会搞错，很清楚地知道自己每天一定会买食物，当食物价格下跌时，他们非常高兴（要烦恼的应该是卖食物的人）。同样的，我们希望《布法罗日报》的印刷成本能够降低，虽然我们必须将财务报表上的新闻印刷存货价值向下调整，但是我们很清楚我们必须一直买进这些产品。同样的原则也适用于伯克希尔公司的投资，只要我还健在，我们会年复一年买下一家公司的全部股权或者部分股权，股票价格下跌会有利于我们买入股票；股票价格上涨则可能不利于我们买入股票。股票价格低迷最主要的原因是市场有悲观情绪，有时是全面性的低迷，有时低迷则仅限于部分行业或部分公司。我们很希望能够在这种经济环境下从事投资，不是因为我们天生喜欢悲观，而是因为我们可以便宜买进更多好公司的股票，乐观是理性投资者最大的敌人。当然以上所述，并不代表不受欢迎或不被注意的公司股票就是好的投资标的，反向操作有可能与从众心理一样愚蠢，真正重要的是独立思考。伯特兰·罗素（英国哲学家）对于人性的观察同样也适用于投资：‘大多数人宁愿死也不愿意思考！’”

1998 年，巴菲特在佛罗里达大学商学院演讲时说：“基本上来说，我只会买那些即使纽约证券交易所从明天起关门 5 年我也很愿意拥有的股票。如果我买了一个农场，即使我 5 年内不知道农场的市场价格，只要农场正常运转，我就会很高兴。如果我买了一个公寓群，只要这些公寓能出租出去带来预计的收益，我也一样高兴。人们买股票往往是根据第二天早上股票价格的涨跌来判断他们的投资是否正确，这是非常荒谬的。正如格雷厄姆所说，你买的股票是公司的一部分，这是格雷厄姆教给我的最基本的策略，你买的不仅仅是股票，而是公司的一部分。只要你投资的公司发展良好，你的投资回报就会高，只要你买进股票时的价格不是太离谱，这就是投资的核心。你要买你看得懂的业务，你买了农场是因为你懂得经营农场，就是这么简单。以上这些投资理念都源自格雷厄姆。我大概六七岁就开始对股票感兴趣，我在 11 岁时买了第一只股票，我当时沉迷于对股票价格走势图形、成交量等各种技术指标的研究，后来我在 19 岁的时候非常幸运地看到了格雷厄姆的《聪明的投资者》，这本书写道，你买的不是起伏不定的股票价格标记，你买的是公司的一部分。自从我开始这么考虑股票投资问题后，一切都豁然开朗，事情就是这么简单。”

巴菲特在 2013 年致股东的信中说：“股票市场的一次快速崩盘或是其他极端的震荡不会伤害真正的投资者，就好像一个难以捉摸、爱说大话的邻居不会影响我的农场投资。事实上股票市场的下跌对真正的投资者来说是有帮助的，如果股票价格低于公司价值，而且投资者手里还有钱可以买入股票的话。在投资的时候，恐惧的氛围是你的朋友，欢快的市场却是你的敌人。在2008年金融危机的恐慌期间，即使一个严峻衰退的经济形势正在明显地出现，我也从未想过要卖出我的奥马哈农场或是纽约房产。如果我拥有一项具有良好长期前景的稳固业务100%的权益，对我来说，哪怕是稍微考虑要抛售它都是非常愚蠢的。我持有的股票就是好业务的一小部分，我为什么要卖出呢？这些股票当中确实有一些会令人失望，但是作为一个整体来说回报会非常不错。”

◇第三节　远离有效市场理论

美国芝加哥大学教授尤金·法玛曾提出有效市场理论：在信息充分交流的社会里，投资者能迅速掌握相关信息，金融产品市场会在价格上充分及时反映这些信息，任何人除非靠运气，否则都无法持续取得超出市场平均业绩的投资回报；股票价格能够充分反映现有全部信息，股票价格代表公司价值，与公司价值永远是完全一致的。

有效市场理论认为，投资者了解所有相关信息后，就会在市场上非常理性地确定出合理的价格。实际上，大多数投资者都是非理性的，即使有关股票的信息是充分而有效的，也不是所有投资者都能对这些信息进行充分分析和合理利用。巴菲特说：“如果市场总是有效的，我只能沿街乞讨。”

巴菲特在1984年哥伦比亚大学纪念格雷厄姆与多德合著的《证券分析》出版50周年的研讨会上说：“人们在投资领域会发现，绝大多数‘掷硬币赢家’都来自一个极小的智力部落，我将其称为‘格雷厄姆·多德部落’，这个特殊的智力部落存在着许多持续战胜市场的投资者，这种非常集中的现象难以用巧合来解释。我所要讲述的这一群成功投资者，他们有一位共同的智力族长本杰明·格雷厄姆。当这些投资者离开这个智力部落后前往不同地方，依据不同方法猜测自己的硬币，买卖不同公司的股票，但是绝对无法用随机概率来解释他们的业绩。这些投资者做出同样正确的猜测，并不是因为族长下达某个指令，因此也无法用这种方式解释他们的表现，族长只提供了猜测硬币的智慧理论，每位学生都必须自己决定如何运用这项理论。格雷厄姆·多德部落的投资者所具有的共同智慧是对比公司价值与股票价格之间的差异，实际上他们利用这两者之间的差异，却不在意有效市场理论专家所关心的问题。投资者究竟在星期一还是星期二买进股票，或者在一月还是七月买进股票，都无关紧要。格雷厄姆·多德部落的投资者买入股票所采取的投资方式，就像企业家整体收购某家公司一样。我怀疑有多少人会在意股票交易必须发生于某个月份或某一天，投资者买进一家公司的交易发生在星期一或星期五没有任何差别，我无法理解学术专家为何要花费大量的时间和精力，研究代表这家公司部分股权的股票交易发生时间的差异。很显然，格雷厄姆·多德部落的投资者并不探讨贝塔值、资本资产定价模型、证券投资回报率的方差，因为他们都不关心这些学术名词。事实上，他们大多难以分辨这些学术名词，他们只在乎两个变量：公司价值与股票价格。”

巴菲特在1988年致股东信中说：“前面提到的套利使得我们有必要讨论一下有效市场理论，这个理论在近年来非常受欢迎，尤其在20世纪70年代被学术专家奉为基础准则。有效市场理论认为股票分析是没有用的，因为关于股票的公开信息都已反映在股票价格上，也就是说股票市场永远知道所有的事。传播有效市场理论的专家们认为，一个人往股票清单上掷飞镖形成的股票投资组合，可以媲美一个聪明勤奋的证券分析师所选出来的投资组合。令人惊讶的是，不仅是学术专家，甚至还有许多专业投资者和公司经理人也信奉有效市场理论，他们观察到股票市场经常有效，但是由此得出股票市场永远有效的结论就完全错了，这两者之间有着天壤之别。

“我个人过去在格雷厄姆·纽曼公司、巴菲特合伙公司和伯克希尔公司连续63年的套利经验说明了有效市场理论是非常荒谬的（当然还有其他很多证据）。我当初在格雷厄姆·纽曼公司工作时研究了这家公司1926—1956年的套利业绩，这家公司套利的年平均投资回报率为20%。从1956年开始，我在巴菲特合伙公司和伯克希尔公司运用本杰明·格雷厄姆的套利原则从事套利，虽然我没有认真计算过，但是我在1956—1988年间的套利投资回报率应该超过20%。当然，格雷厄姆遇到了1929—1932年的经济大萧条，之后的投资环境要好很多。……

“过去63年来，市场总体的年平均回报率（加计股利）低于10%，如果把所有的投资收益再投资，那么投资1000美元就可以增长到40.5万美元。而如果把年复合收益率提高到20%，则可以使同样的1000美元增长到9700万美元。如此大的投资结果差异，无疑可以让任何人感到好奇，但是有效市场理论的倡导者们似乎从来没有对这类与其理论不一致的案例产生过兴趣。虽然他们今天不再像过去那样对有效市场理论大肆追捧，但是据我所知，无论有效市场理论的倡导者们曾经误导过多少学生，到目前为止还没有人公开承认有效市场理论是错误的，而且在大部分商学院里，有效市场理论仍然是投资课程的主要组成部分。有效市场理论的倡导者们似乎从未对与他们的理论不一致的案例产生过兴趣，很显然不愿意宣布放弃自己的信仰并揭开神职神秘面纱的人，不仅仅存在于神学家之中。

“当然，那些已经被欺骗的学生和投资者在接受有效市场理论后，对我们以及其他格雷厄姆投资策略的追随者帮助很大。不管是在投资、心智或体能等任何比赛中，如果遇到的对手都认为他们的思考和尝试是毫无用处的，对我们来说当然会有巨大的优势。从利己主义的观点来看，格雷厄姆的追随者们应当资助那些传播有效市场理论的大学教授们，以保证有效市场理论永远被传授下去。”

◇第四节　放弃市场预测

美国先锋集团创始人约翰·博格说：“统计数据表明，只有大约10%的机会猜中股票价格的最低点或最高点。投资者要想把股票价格上涨的钱都赚到，必须预测到最低点，另外要预测到最高点，这意味着成功的机会只有1%。如果投资者想赚两次钱，那么成功的机会只有0.01%。我在这个行业里干了30年，从没有听说过谁能连续地预测成功，也没有听说谁听说过别人能连续地预测成功。事实上，我认为投资者设法选择交易时机，可能不但不能使投资资金增值，而且还可能会有适得其反的效果。”

巴菲特在1980年致股东信中说：“对于未来一年的股票市场走势、利率以及宏观经济动态，我们不做任何预测，我们过去不会预测，现在不会预测，将来也不会预测。我们深信对股票价格或债券价格的短期预测没有任何意义，这些预测能够告诉投资者有关预测者本人的情况，但是根本不能告诉投资者任何有关未来的真实情况。”

1987年8月—10月，美国股票市场暴跌将近1000点，跌幅接近40%。在此之前，没有任何一位投资专家、证券分析师或者经济学家预测到这次股票市场暴跌，也没有投资者提前发出警告。许多人事后声称自己早已事先预测到这次大跌，但是如果这些人真的预测到这次大跌的话，他们就会提前把他们的股票全部卖出了，那么由于这些人大规模抛售，市场可能早在几周甚至几个月前就暴跌1000点了。

1994年1月，《赫尔伯特金融文摘》的一篇文章追踪了过去5年的108份市场快报，发现只有一份市场快报超越市场指数。格雷厄姆说：“如果让我提出在华尔街60多年的经验中发现过什么的话，那就是从来没有人能够成功地预测股票市场变化。”

投资专家普遍认为公司收益是决定公司股票市场价格的最主要因素，现代证券分析的核心是通过预测公司未来收益来预测公司股票价格的未来走势。《机构投资者》杂志每年都会从数百个经纪公司中评选两次最优秀的证券分析师。《金融世界》杂志的一篇文章研究了这些明星证券分析师的实际表现，结果发现：明星证券分析师的预测成绩非常差，在所研究的时间段内股票市场指数平均上涨14.1%，而明星证券分析师推荐的股票收益总体只上涨9.1%，比市场平均水平还低5%；明星证券分析师推荐的134种股票中，只有42种上涨幅度接近或超过标准普尔500指数。在变幻莫测的股票市场中，明星证券分析师的预测水平远低于市场平均水平。

彼得·林奇说：“一批又一批的证券分析师和统计学家都在努力研究如何准确预测公司未来收益的问题，但是你随便拿起一本最近的财经杂志，都可以看到他们的预测往往是一错再错。”

德瑞曼价值管理公司董事长大卫·德瑞曼在《金融分析学报》上发表了一份报告，研究了证券分析师对公司收益预测的准确性，该报告研究的时间段为1973—1996年，其中包括5个牛市和4个熊市，研究样本包括纽约证券交易所、纳斯达克证券交易所和美国证券交易所的1000只主要股票，结果显示：证券分析师的收益预测与实际收益相差很大，无论是牛市还是熊市，证券分析师的收益预测准确性都很差，总体平均预测失误率为44.3%，牛市中对收益预测的失误率为44.9%，熊市中则为47.4%；1984—1991年间，虽然信息技术更加发达，但是证券分析师的平均收益预测失误率却高达50%，其中有两年的失误率分别高达57%和65%。

巴菲特在2002年致股东信中说："要特别小心那些夸大盈利预测及成长预期的公司。一家公司很少能够在没有任何意外发生的情况下经营，公司盈利也很难一直稳定成长。到目前为止，查理和我都搞不清楚我们旗下公司明年到底能够赚多少钱，我们甚至不知道下一个季度的盈利是多少，所以我们相当怀疑那些常常声称知道未来盈利状况的首席执行官。如果这些首席执行官总是能达到他们自己声称的盈利目标，我们反而会怀疑他们可能会弄虚作假，那些习惯保证能够达到盈利预测目标的首席执行官总有一天不得不编造虚假的盈利数字。"

2010年5月《麦肯锡季刊》的一篇文章说："在过去25年里，证券分析师们始终过于乐观，他们预计的每年收益增长率的范围是10%～20%，而实际的增长率为6%。在这段时期内，收益的实际增长率超过预测的情况只出现过两次，这两次都出现在经济衰退后的恢复期中。平均来看，证券分析师的预测几乎全部过高。除了1999—2001年的市场泡沫时期外，实际市盈率比分析师预测的市盈率低25%。"

综上所述，证券分析师作为专业人士都无法准确预测公司收益，那么普通投资者就更无法准确预测了。为了防止公司收益预测的错误造成价值评估误差过大，投资者最好优先选择经营历史上业绩稳定且优秀的公司，这类公司的未来发展也会相对稳定，预测这些公司的收益也会相对准确。对于历史经营状况大起大落的公司，投资者很难准确预测其未来收益。

股票市场上，任何时候都有很多目前是亏损或者业绩一般的公司被认为前景非常光明，比如互联网科技公司、新能源汽车公司、汽车动力电池公司、虚拟现实技术公司、人工智能公司、生物制药公司等，这些科技公司当然代表未来的必然趋势，但是具体哪些公司会成为最终的龙头公司是难以预测的。即使投资者成功预测了某家科技公司成为暂时的龙头公司，也难以避免其他黑马公司通过技术创新超越原有行业龙头公司，就像苹果公司超越手机巨头诺基亚公司，几家新兴电动汽车厂商改变了由燃油汽车巨头主导的行业格局。对于投资者来说，公司未来的确定性很重要，包括公司未来盈利的确定性、公司长期发展的确定性。科技公司兼具消费垄断属性，其未来确定性才会更高。从长期来看，投资者如果要取得长期良好的投资业绩，必须“放弃预测”，优先选择经营历史上业绩稳定且优秀的公司。

◇第五节　选择不容易受宏观经济变化影响的公司

有些投资者基于宏观经济自上而下进行分析，通过分析宏观经济因素预测经济发展趋势，相应判断哪些公司股票会受到较大影响然后形成投资决策，提前买入预计受宏观经济影响将大幅升值的股票，或提前卖出预计将大幅贬值的股票。这种基于宏观经济自上而下分析的固有缺陷在于时间的不确定，宏观经济形势确实会影响某些行业及公司，但是难以确定什么时候影响和影响到什么程度。举例来说，如果投资者预测未来一段时期的高利率将会导致股票价格大幅下跌，但是无法预测什么时候下跌、下跌多少、哪些股票的价格下跌幅度最大，那么根据这个非常模糊的分析就难以做出准确的买入或者卖出决策。巴菲特说：“投资者不要浪费时间和精力去分析宏观经济形势，查看每日股票价格的涨跌，投资者花在这上面的时间越多，就越容易陷入思维的混乱无法自拔。”

巴菲特在1988年伯克希尔公司股东大会上说：“我从来没有见过能够准确预测股票市场走势的人，对于未来一年的股票市场走势、利率以及经济动态，我们不做任何预测，我们过去不会预测、现在不会预测、将来也不会预测。我要提醒大家注意的是：预言家的墓地一大半是给宏观经济学家预备的。我们极少对宏观经济做出预测，也很少看到有人可以持续做出准确的宏观经济预测。”

巴菲特在1994年致股东信中说：“许多投资者和商业人士热衷于政治和经济预测，我们对此仍将保持视而不见的态度。30年来，谁也没有预测到越南战争的全面扩散、工资与物价管控、两次石油危机、美国总统尼克松辞职下台、苏联解体、道琼斯指数在一天内大跌508点，或者政府债券的收益率在2.8％～17.4％之间巨幅波动。不过令人惊讶的是，这些重大事件并未动摇本杰明·格雷厄姆的投资原则，也从没有让以合理的价格买进优质公司的投资策略看起来有任何不妥。我们可以设想一下，如果我们因为对未知事物的恐惧束缚了我们的投资行动，延迟或改变资金运用，那么我们可能会少赚很多利润。事实上，我们通常都是利用某些历史事件的发生，在市场悲观情绪到达顶点时找到最好的买入机会，恐惧是市场趋势盲从者的敌人，却是公司基本面信徒的朋友。从现在开始往后30年里，一定还会有许多令人震惊的事件发生，我们不会试图预测未来的突发事件或者试图从这些预测中获利，如果我们继续投资稳定优秀的公司，外部的突发事件几乎不会影响我们的长期投资结果。”

巴菲特在1998年佛罗里达大学商学院回答听众提问时说：“我不研究宏观经济形势，投资者从事投资最需要的是明白什么事是重要的、可以弄清楚的，如果一件事既不重要也很难弄清楚，把这件事忘记就对了。你刚才说的东西很重要，但是我觉得很难弄清楚。可口可乐公司、箭牌公司、柯达公司，这些公司是可以弄清楚的，大家都能看懂这些业务。投资者看懂了公司的业务之后，还要看公司估值和股票价格等信息。我们从来没有依靠对宏观经济形势的判断来决定买或不买任何一家公司。我们不看关于利率涨跌或公司盈利的预测，看了也没有用。1972年，我们买了喜诗糖果公司，过了没多久，总统尼克松就实施了价格管制政策，即使我们提前知道了这个政策，又能做什么呢？我们花了2500万美元买下了喜诗糖果公司，现在喜诗糖果公司一年的税前利润就有6000万美元。我们根本不理会宏观经济预测，不想因为这样的预测而错过非常好的投资机会，宏观经济形势相关的资料，我们根本不看不听。一般来说，咨询机构的专业顾问会先讲一些宏观经济形势，然后从宏观经济形势自上而下地分析，我们觉得那些都是毫无道理的。即使艾伦·格林斯潘（美国联邦储备委员会前主席）和罗伯特·鲁宾（美国财政部前部长）两位重量级人物一个坐在我左边，另一个坐在我右边，悄悄告诉我他们今后12个月会怎么做，我都不为所动，而且也不会影响到我购买利捷航空公司或者通用再保险公司的股票，或者我要做的任何事情。”

巴菲特在2008年与戈伊苏埃塔及麦库姆斯商学院学生交流，有人问：“哪个行业在21世纪最具成长性？为什么？”巴菲特说：“我们不会考虑这些问题。我们回顾一下20世纪30年代，当时没有人预测到汽车和飞机给世界带来的巨大变化，当时有2000家生产汽车的公司，现在美国只剩下3家了，而且都只能勉强维持基本经营。这些公司给社会带来了巨大贡献，却给投资者带来了巨大痛苦，投资者投资这样的公司，不但要选对公司还要选对时机。自从莱特兄弟发明飞机以来，航空公司给投资者带来的财富总和接近于零，如果莱特兄弟首次驾驶飞机试飞的时候，哪位资本家当场把飞机击落就好了，那就算给我们后世的航空公司投资者造福了。除此之外，生产电视机的公司曾经遍布美国各地，美国无线电公司和通用电气公司都生产过电视机，现在美国根本找不到一家生产电视机的公司。什么样的业务才是好业务？可口可乐是好业务，它的产品始终没变，可口可乐从诞生起到今天122年每天卖出15亿瓶（以200毫升/瓶折算），可口可乐就像拥有宽广护城河的经济城堡。吉列剃须刀占有70%的市场销售额，毛利率高达80%。吉列公司的主打产品基本上没有什么变化，男人唯一的打扮几乎就是刮胡子。士力架在过去40年里始终占据糖果市场份额第一位，如果你给我10亿美元让我在市场竞争中打倒士力架，我做不到，好业务经得起这样的检验。可口可乐公司、吉列公司是无法打倒的。理查德·布兰森（维珍集团创始人）是一位营销天才，他推出了维珍可乐，但是也无法撼动可口可乐的地位。用好业务构筑的经济城堡周围环绕着宽广的护城河，我们就是要寻找这样的投资机会，一家公司有成长性当然非常好，但是我们更喜欢拥有好业务的公司。”

巴菲特不关心宏观经济形势变化的前提是：巴菲特总是寻找那些在各种经济环境下都保持相对稳定发展的公司，这些公司的未来确定性比较高，不管经济是否景气，这些公司都会得到不错的收益，这种策略让巴菲特的投资具备较高的安全边际，收益也相对稳定。确实有很多行业和公司会受到宏观经济形势变化的影响，但是巴菲特会尽量避开这些行业和公司。

第五章
安全边际

CHAPTER 5

第一节　买入价格越低，安全边际越大
第二节　优先股比普通股的安全边际更大
第三节　对公司越了解，安全边际越大

◇第一节　买入价格越低，安全边际越大

格雷厄姆说："我将正确投资的秘诀精炼成四个字：安全边际。"他提出两条投资原则：第一，永远不要亏损；第二，永远不要忘记第一条。投资者在投资前要确保充足的安全边际，保证本金安全。如果投资者投资了100万元本金，本金损失了50%，那么只剩下50万元，而想收回100万元本金，必须用剩下的50万元赚到100%的回报。如果投资者投资了100万元本金，本金损失了75%，那么只剩下25万元，想要收回100万元本金，必须用剩下的25万元赚到300%的回报，难度陡然增大。

假设有甲乙两位投资者各投入本金100万元，用当年赚取的利润继续投资，5年后再取出本金和利润。甲的5年回报率分别是40%、－30%、40%、－30%、30%，乙的5年回报率分别是10%、10%、10%、10%、10%。5年后，甲的投资结果为124.852万元，乙的投资结果为161.051万元。甲的投资回报率看起来经常很高，但是有两年亏损30%，严重拖累了业绩，大起大落的投资业绩最终输给了稳定增长的投资业绩。乙的投资回报率每年只有10%，看起来一般，但是能够连续5年增长。可以看出，复利增长的一个关键是不要亏损，本金投资产生的利润继续投资，新的本金又产生新的利润，一旦亏损就会使复利效果大打折扣。

投资的安全边际原则隐含着一条推论：安全边际越大，潜在收益越高。这与大众的常规想法完全不同，人们常说："富贵险中求，风险越高，收益越大。"大多数情况下，大家普遍认为投资风险越大，投资回报越高，投资风险与投资回报成正比。投资者如果遵循安全边际原则进行价值投资，尽量以远低于标的价值的价格买入，价格越低，安全边际越大，潜在收益也越大，投资风险与投资回报就成反比。与80元买入

价值 100 元的股票相比，投资者用 50 元买入同一股票，安全边际更大，风险更低，潜在收益更高。巴菲特在 1992 年致股东信中说："很重要的一点是，我们在购买股票时必须预留充足的安全边际，如果我们所计算出来的公司价值只比股票价格高一点，我们就不会考虑买进这只股票，我相信格雷厄姆强调的安全边际原则是投资成功的关键因素。"

股票价格波动是难以预测的，尽管股票价格长期来说会回归公司价值，但是什么时候回归是不确定的。影响股票价格和公司运营的因素非常多，而且这些因素本身就是变化和不确定的，人的预测能力非常有限，预测结果经常偏离实际情况。安全边际是对于投资者预测能力的有限性、股票价格波动的不确定性和公司发展不确定性的一种预防和保护。投资者在买入价格上预留较大的安全边际，即使对公司价值的评估有一定误差，市场价格在较长时间内仍低于公司价值，或公司发展暂时受到挫折，都不会影响本金的安全。巴菲特说："我非常重视确定性，只要能够找到足够的确定性，风险因素对我就没有太大影响了。投资者之所以会冒重大风险，是因为没有找到确定性，在价格远低于价值时买入证券不是冒险。"

投资者以远低于价值的价格买入标的是投资成功的重要因素之一，为了保证本金安全，必须有充足的安全边际。一般来说，股票价格比公司价值低 30%以上才能考虑买入股票。假如投资者以内在价值的 70%买入一家公司的股票，随后这家公司价值下跌了 10%，投资者最初的购买价格仍然是公司价值的大约 80%，这样仍然能确保本金的安全。未来确定性较高的公司往往受到市场追捧，投资者可以适当提高买入价格，这是因为具有竞争优势的公司能够持续赚取丰厚利润，公司价值会持续提高，未来增加的价值也是投资这类公司的安全边际。巴菲特说："我们的投资策略持续有效的前提是，我们可以用具有吸引力的价格买到优质公司的股票。投资者如果支付过高的价格买入一家优质公司的股票，也将抵消这家优质公司未来 10 年所创造的价值。"

投资者要寻找公司价值与股票价格之间的差异。巴菲特说："你付出的是价格，得到的是价值。你决定购买股票时，公司内在价值是一个重要的考量因素，你必须充分了解你想投资的公司。你没有必要等到股票价格降到最低点才去买（股票价格最低点无法预测），只要股票价格远低于你所认定的公司价值就可以了。如果你能够以远低于公司价值的股票价格买进一家由诚实能干管理层经营的卓越公司，你肯定会有很好的投资收益。”

格雷厄姆说：“安全边际是价值投资的核心。由于股票价格起伏不定，公司价值与股票价格通常是不相等的。但是许多公司具有相对稳定的内在价值，训练有素而且勤奋的投资者能够精确合理地评估公司价值。投资者预留充足安全边际的价值投资策略就是通过公司价值的估算，比较公司价值与股票价格之间的差异，当两者之间的差异（即安全边际）达到较大的程度时果断买入这家公司的股票。从根本上讲，股票价格波动给真正的投资者提供了重要的交易机会。当股票价格大幅下跌后，提供给投资者低价买入的机会；当股票价格大幅上涨后，提供给投资者高价卖出的机会。投资者判断股票价格过低还是过高的最基本的方法就是对比股票价格和公司价值。”

巴菲特在 1984 年哥伦比亚大学纪念格雷厄姆与多德合著的《证券分析》出版 50 周年的研讨会上说：“在价值投资中，投资风险与投资回报不是成正比而是成反比。如果你以 60 美分买进 1 美元的纸币，其风险大于以 40 美分买进 1 美元的纸币，但后者回报的期望值却更高。以价值为导向的投资回报潜力越高，投资风险却越低。1973 年，华盛顿邮报公司的总市值为 8000 万美元，你可以将华盛顿邮报公司的资产卖给 10 位买家中的任何一位，而且价格不低于 4 亿美元，甚至还会更高。华盛顿邮报公司拥有《华盛顿邮报》《新闻周刊》以及几家在主要市场区域的电视台，这些资产的价值为 20 亿美元，因此愿意支付 4 亿美元的买家并不是疯子。如果华盛顿邮报公司的股票价格继续下跌，这家公司的市值就会从 8000 万美元跌到 4000 万美元。如果更低的价格意味着更大的风险，我永远无法理解为什么用 4000 万美元会比用 8000 万美元购买价值 4 亿美元的资产风险更高。事实上，如果你能买进几只价值被严重低估的股票，而且你精通公司估值，那么以 8000 万美元买入价值 4 亿美元的资产，尤其是分别以每项 800 万美元的价格买进 10 种价值 4000 万美元的资产基本上毫无风险。因为你无法直接管理 4 亿美元的资产，所以你希望有诚实能干的管理层负责管理，同时你必须能够大致准确地评估公司价值。你不要以 8000 万美元的价格买入价值 8300 万美元的公司，你必须让自己拥有很大的安全边际。工程师修建桥梁时坚持设计建造可承受重量为 3 万磅的桥梁，但是只允许总重量 1 万磅的货车通过这座桥梁，投资者从事投资也要遵循这种安全边际原则。”

巴菲特在 1996 年致股东信中说：“投资者即使投资最好的公司，也不能支付过高的价格，买入价格过高的风险经常会出现，而且我认为对于所有股票，包括那些具有持续竞争优势的公司股票，买入价格过高是很大的风险。投资者需要清醒地认识到，在股票市场过热的时候买入股票要先做好心理准备，那就是即使是一家特别优秀的公司，可能也要等待一段更长的时间后，公司价值才能增长到与投资者支付的价格相当的水平。”

◇第二节　优先股比普通股的安全边际更大

优先股股东在利润分红及剩余财产分配的权利方面优先于普通股股东。优先股股东享受固定数额的股息，普通股股东的分红不固定，取决于公司的盈利情况和分红政策。

巴菲特旗下的伯克希尔公司常年储备大量现金，有些大公司遇到困境时会向巴菲特求助，巴菲特常通过购买这些公司优先股的方式对这些公司进行援助，他凭借强大的资金实力，可以在谈判中获得非常好的回报条件。优先股可以确保每年固定股息，如果是可转换优先股，还能根据市场情况决定是否转换为普通股：如果普通股价格低于转股价格，可以放弃转换；如果普通股价格高于转股价格，可以转换为普通股以赚取差价。巴菲特购买优先股也充分体现了安全边际原则。可转换优先股与可转换债券有很多共同点，本书第八章“套利”会详细介绍可转换债券的投资方法。

投资高盛集团优先股

2008年金融危机出现后，高盛集团资金紧张，向巴菲特求援。伯克希尔公司买入50亿美元高盛集团优先股，高盛集团有权在任何时间回购上述优先股，但是必须额外支付10%的溢价，即5亿美元。高盛集团优先股的固定股息率是10%，每年要支付5亿美元给伯克希尔公司。伯克希尔公司还获得了高盛集团的认股权证，5年内可以以每股115美元的价格认购50亿美元额度之内的高盛集团股票，只要5年内高盛集团股票价格超过115美元，巴菲特就可以转换成普通股。认股权证类似一种期权，如果普通股价格高于约定的认股价格，认股后转成普通股可以赚取差价；如果普通股价格低于约定的认股价格，认股转成普通股会亏损，就可以放弃认股，没有任何损失。

高盛集团业绩比较稳定，相对于其他公司要好很多，这也是巴菲特在金融危机期间投资高盛集团优先股的原因。2010年11月，高盛集团回购优先股，巴菲特获得了两年总计10亿美元的股息，另外还获得了5亿美元的回购溢价和1.6亿美元的当年利息。金融危机结束后，高盛集团的股票价格上升很快，2013年，巴菲特行使认股权，以每股115美元的价格认购了4350万股高盛集团普通股。

高盛集团是全球顶尖的投资银行，其管理层当然知道与巴菲特的这次交易代价高昂，但是在金融危机的大背景下，许多金融公司都缺少资金，银行也减少放贷，巴菲特的投资是当时高盛集团的最佳选择。

投资吉列公司优先股

吉列公司是全球最大的剃须刀生产厂商，1989年7月，伯克希尔公司投资6亿美元买入吉列公司可转换优先股，强制赎回期限为10年，每年固定股息率为8.75%，吉列公司每年要支付5250万美元给伯克希尔公司，伯克希尔公司还有权以每股50美元的价格转换为普通股。吉列公司用所募集的资金偿还了部分债务，从而阻止了投机者的恶意收购。

1991年，吉列公司提前赎回可转换优先股，巴菲特将可转换优先股转换成普通股。1991年底，伯克希尔公司持有吉列公司股票的总市值为13.47亿美元。1991—1997年，吉列公司的净利润快速增长，股票价格大幅上升，在这期间，伯克希尔公司持有的吉列公司股票市值从13.47亿美元增长至48.21亿美元。2005年1月28日，宝洁公司收购吉列公司，伯克希尔公司持有的吉列公司股票总市值突破了51亿美元。并购完成后，巴菲特将吉列公司的9600万股股票转为9360万股宝洁公司股票，占宝洁公司总股本的3%。

◇第三节　对公司越了解，安全边际越大

一、要在自己的能力圈范围内投资

投资的能力圈原则是指投资者要投资自己熟悉的行业和公司，投资者对行业和公司越熟悉，决策越准确，安全边际越大，投资成功概率越高。芒格说："每个人都必须挖掘自己的特长，培养自己的优势。如果你一直想在你自己最弱的领域里获取成功的话，我可以保证你的下场绝对不会好到哪里去。"

投资者的能力圈大小并不是最重要的，能认清自己的能力圈边界才是最重要的。巴菲特说："我每年撰写几十页伯克希尔公司年度报告的工作，其实也是一个学习的过程。我发现有些东西以为自己已经懂了，但是当我要把这些东西写在纸上向各位股东解释的时候，才知道自己并不是很了解。撰写伯克希尔公司年度报告，不但使我对相关行业和公司思考得更深入，而且也使我了解了自己的能力圈边界。"

巴菲特在1989年接受记者采访时说："假设你将去一个地方10年，你想在出发之前安排一笔投资，并且你知道一旦做出投资决策后，你不在的这10年内不可以更改投资决策。你知道的就是你目前了解的一切，而且当你走了以后你也不能改变什么，你会怎么选择呢？很显然这家公司的业务必须简单易懂，必须被证明具有多年的可持续性并且必须具有良好的发展前景。我确定市场会不断成长，领先者依然会是领先者，在

整个世界范围内销售会有极大的增长，这样的对象除了可口可乐公司之外，我不知道还有其他哪家公司可以做得到。我可以肯定，当我回来的时候，可口可乐公司会比今天发展得更好。”

投资者应该确定几个自己比较熟悉的行业和公司，集中精力不断地对其进行追踪研究，使自己能够随时把握行业或公司中出现的最新趋势，利用这些市场机会做出投资决策。巴菲特说：“在你的能力圈范围内选股，最重要的不是能力圈的大小，而是你如何界定你的能力圈边界。如果你清楚了解自己的能力圈边界，你将比那些即使能力圈比你大5倍，但是却不知道能力圈边界的人更富有。”

二、公司业务要简单易懂

投资者在选择公司时最好先从业务简单易懂的公司下手，业务内容简单易懂是相对的，由于每个人的专业和兴趣不同，对不同行业的理解也不同。医生可能对医药类公司比较熟悉，互联网从业人员可能对互联网公司比较熟悉，发动机工程师可能对汽车制造业比较熟悉。当然，投资者如果对行业和公司感兴趣，只要深入分析研究，也会变成懂行的人。

巴菲特在1993年致股东信中说：“当然，有许多行业，查理和我可能都无法确定到底它们的业务是‘宠物玩具’还是‘芭比娃娃’，即使我们花了许多时间努力研究这些行业，我们还是无法解决这个问题。有时是由于我们本身智力和学识上的缺陷阻碍了我们对这些行业的了解，有时则是由于行业的特性本身就是很大的障碍。对于一家随时都必须应对快速技术变化的公司来说，投资者根本就无法准确判断这家公司的长期发展前景。比如30年前人们能预测现在电视机制造行业或电脑行业的变化吗？当然不能，就算是大部分拥有极大事业热情而涉足这些行业的投资者和公司经理人也无法预测。那么为什么查理和我就需要具备能预测快速变化行业前景的能力呢？我们更愿意专注于前景容易预测的行业。一个视力普通的人，为什么非要寻找埋藏在稻草堆里的一根针呢？”

巴菲特在1996年致股东信中说：“作为一名投资者，你的目标只要定为以合理的价格买进一些业务简单易懂而且未来5年、10年或20年利润肯定会大幅度增长的公司股票。经过一段时间，投资者就会发现只有少数几家公司符合这些标准，所以投资者一旦发现一家公司符合以上标准，就应当买进相当数量的股票。在这期间，投资者要尽可能避免自己受到外界诱惑而放弃这个投资原则。如果投资者不打算持有一家公司股票 10 年，那就最好连 10 分钟都不要持有。当投资者逐渐找到这种盈利不断积累的公司后，就会发现公司市值也会跟着稳定增加。尽管我们很少承认，但这正是伯克希尔公司股东积累财富的秘诀，多年来我们公司的盈利快速增长，我们公司的股票价格也相应上涨。如果伯克希尔公司的盈利没有大幅增加，那么伯克希尔公司的市值就不会大幅增加。”

巴菲特在 1998 年伯克希尔公司股东大会上说：“投资者应当明白投资业绩与奥运跳水比赛的计分方式并不相同，投资高难度项目并不能给投资加分。我们偏爱那些变化不大的行业与公司，我们寻找的是那些在未来 10 年或 20 年内能够保持竞争优势的公司。快速变化的行业或许可以给我们提供赚大钱的机会，但是却无法给我们提供足够的确定性。我宁愿得到一个可以确定会实现的好结果，也不愿意追求一个只是有可能会实现的伟大结果。我会从那些简单易懂的业务和产品里寻找好业务。例如甲骨文公司、莲花公司、微软公司，我搞不懂这些公司的护城河 10 年之后会发展到什么程度。比尔・盖茨是我遇到的最厉害的商业奇才，他创立的微软公司拥有巨大的领先优势，但是我不知道 10 年后微软公司会发展到什么程度，我无法准确预测微软公司的竞争对手 10 年后会怎样。我们试着坚守在自认为熟悉的业务上，这表示这些业务必须简单易懂而且具有非常稳定的特性。如果一家公司的业务比较复杂而且经常变来变去，我们就很难有足够的智慧去预测这家公司的未来现金流。我知道箭牌口香糖业务 10 年后会怎样，互联网科技不论如何发展，都不会改变我们嚼口香糖的习惯，好像没什么能够改变我们嚼口香糖的习惯。我相信今后肯定会有更多新品种的口香糖出现，但是白箭口香糖和黄箭口香糖会消失吗？我相信不会。如果你给我 10 亿美元，让我开创口香糖业务去打败箭牌口香糖，我做不到。我就是这么思考业务的，我会设想如果我有 10 亿美元，能在竞争中打败这家公司吗？如果给我 100 亿美元让我在全球和可口可乐竞争，我能打败可口可乐公司吗？我做不到。这样经得起挑战的业务就是好业务。如果你给我一些钱让我打倒其他行业的一些普通公司，我知道怎么做。我不喜欢很容易进入、没有护城河的业务，如果一项业务很容易进入，就会招来很多竞争对手，我喜欢有护城河的业务。我希望拥有一座价值连城的经济城堡，而且守护这座城堡的公爵兼具品德和才能，我希望这座经济城堡外围绕着宽广的护城河。你能看出来好业务将来会怎样，但是不知道会在什么时候实现。投资者在看一项业务的时候，就专心研究分析这项业务将来会怎么样，不用太纠结什么时候赚钱，把一项业务的将来看透了，到底是什么时候赚钱没多大关系，只要是好业务，投资者就能赚钱。”

巴菲特拓展科技公司投资能力圈

巴菲特曾经说因为自己不懂科技所以不投资科技公司，但是，后来他经过深入研究科技行业后也开始投资科技公司，这表明，投资者通过大量阅读行业资料和公司资料以及实际调查研究，可以扩展投资能力圈。

在1998年伯克希尔公司股东大会上，有人提问是否考虑过在未来的某个时候投资科技公司。巴菲特说：“这也许很不幸，但答案是不。我很崇拜安迪·格鲁夫（英特尔公司创始人）和比尔·盖茨，我也希望能通过投资他们的公司将这种崇拜转化为行动。但是，具体到英特尔公司和微软公司，我不知道10年后这两家公司会发展到何种程度，我不想参与这种别人拥有优势的游戏。我可以用所有的时间思考下一年的科技发展，但是我不会成为分析科技公司的专家，第100位、第1000位、第10000位专家都轮不到我。许多人都会分析科技公司，但是我不擅长分析科技公司。我们的投资原则如果应用到科技公司的投资上也许会有效，但是我们不知道如何去应用。如果我们投资其他公司的股票造成股东损失，我们会在下一年把钱赚回来并向各位股东解释我们如何做到了这一点。我确定比尔·盖茨也在应用同样的原理，他理解科技公司的方式与我理解可口可乐公司与吉列公司的方式是一样的，我相信他思考安全边际的方式就像他拥有整个公司而不仅仅是持有一些股票。我们的投资原则对于任何高科技公司都是有效的，只不过我们不是能够把这些原则应用到高科技公司的适当人选。如果我们在自己的能力圈里找不到能够做好的事，我们将会选择等待机会而不是扩大我们的能力圈。我们缺乏分析科技行业的能力不会让我们感到气馁，在许多行业中，查理和我都没有特别突出的投资能力。例如，每当涉及评估专利、制造工艺、地区前景时，我们就毫无办法。如果说我们具备某种优势的话，那么这种优势应该在于：我们能够认识到什么时候我们在能力圈之内，什么时候我们已经接近于能力圈边界。在快速变化的行业中预测一家公司的长期发展前景，远远超出了我们的能力圈边界。如果有人声称拥有高科技公司发展前景预测技巧，我们既不会嫉妒也不会模仿他们，与此相反，我们只是固守于我们所能理解的行业，如果我们偏离这些行业，我们一定是不小心走神了。幸运的是，我们几乎可以百分之百地确定，伯克希尔公司总会在我们已经画好的能力圈内做得很好。”

芒格说：“我们从未投资高科技行业，那是因为我们缺乏这个领域的相关能力。我们的优势在于很了解传统行业，我们对其他行业不了解。我们不想参与我们不了解的事物，我们宁愿与那些我们了解的公司打交道！我们为什么要在我们不了解而且没有任何优势的领域中与别人竞争，而不是留在我们擅长的领域里全力以赴呢？”

巴菲特认为很难预测科技公司的快速变化和未来发展，导致科技公司缺少确定性，巴菲特在股票市场保持常胜的关键就是尽量确保每个投资标的都有足够大的确定性，确定性越高，安全边际越大。巴菲特说：“我可以理性地预测可口可乐公司未来的现金流，但是谁能够准确预测十大互联网公司未来25年里的现金流呢？如果你说你不能准确预测，你就不可能知道这些互联网公司的价值，那么你就不是投资而是投机。我对互联网公司不太了解，我们不会随便投资我们不了解的业务。虽然许多高技术领域或新兴行业的公司成长速度会比成熟稳健的公司更快，但是我宁愿得到一个可以确定会实现的好结果，也不愿意追求一个只是有可能会实现的伟大结果。”

20世纪90年代末，互联网科技概念股被投资者狂热追捧，传统行业股票受冷落，伯克希尔公司由于专注投资传统行业，投资业绩相对一般。巴菲特当时对科技行业没有深入研究，因此始终坚守传统行业阵地，只投资自己了解的公司，事实证明他坚守这条原则是非常正确的。2000—2002年，反映互联网科技公司市值变化的美国纳斯达克指数就从5132点跌到1108点，最大跌幅达78%，互联网科技公司股票价格暴跌，传统行业公司股票价格开始回升，伯克希尔公司的股票价格也重新回归公司价值。巴菲特在2003年致股东信中说："不管互联网科技公司有多么远大的发展前景，只要互联网科技公司现在或几年内没有创造价值，那就是毁灭价值而不是创造价值。现在看来，互联网科技股泡沫的成因在于：投资者太在意公司首次公开上市的价格而不考虑上市后的公司业绩。"

初创公司如果还在"烧钱"阶段，未来确定性就比较低，确实有一些人靠投资初创公司赚了几百倍、几千倍甚至几万倍，但是这些光鲜亮丽业绩的背后是99%的初创公司销声匿迹。投资者很难准确预测哪些初创公司会最终胜出，因此投资这些公司亏损的概率会远大于盈利的概率，这也是巴菲特不从事天使投资或者风险投资的根本原因，巴菲特坚持投资盈利概率远大于亏损概率的公司，即未来确定性高的公司。

从上面的资料来看，巴菲特不投资科技公司的理由很充分，但是，随着时间的推移，科技已经深入人们的生产、生活和工作，与人们密不可分，因此，巴菲特也开始认真研究科技行业并且购买了科技公司股票。根据2021年伯克希尔公司年度报告，伯克希尔公司持有的科技公司股票包括：苹果公司、比亚迪公司、威瑞森通信公司、特许通信公司等，而且，苹果公司还是伯克希尔公司持股中市值最大的股票。到2022年，巴菲特已经92岁高龄了，他这种不断学习进取的精神，令许多年轻人都自叹不如。芒格说："购买苹果公司股票是巴菲特持续学习的标志。"

第六章 长期投资

CHAPTER 6

第一节　复利增长的魔力

第二节　长期投资具有持续竞争优势的公司

第三节　长期投资能降低成本，提高收益

◇第一节 复利增长的魔力

复利是一笔存款或投资获得利息或利润之后，再把利息或利润加入本金，产生新一轮利息或利润的方法，这一过程周而复始，不断重复。复利的计算公式是：$F=P\times(1+r)^n$，其中 F 为复利终值，P 为原始本金，r 为年收益率（这里假定年收益率固定不变），n 为投资年数。复利终值的大小取决于本金、收益率和时间。本金越多，收益率越高，投资时间越长，都将使复利终值越大。当然有一个要点是收益率必须为正，如果收益率为负即亏损，复利效果将大打折扣。

具有持续竞争优势的公司将持续稳定地增加公司价值，如果公司股票数量不变，股票价格也将随之上升，同时公司也更有条件给股东分红。投资者长期持有具有持续竞争优势的公司股票，只须耐心等待股票价格上涨，随着时间的延续，复利将会发挥巨大的作用，为投资者创造巨大的收益。巴菲特说："复利像从山上滚雪球，开始时雪球很小，只要往下滚的时间足够长而且雪球黏得够紧，最后雪球会变得很大。"

1965—2021 年，巴菲特旗下伯克希尔公司股票每股市场价值年均复利回报率为 20.1%，累计增长 3641613%，同期标准普尔 500 指数年均复利增长率为 10.5%，累计增长 30209%，巴菲特年均收益超过标准普尔 500 指数 9.6%，伯克希尔公司的累计增长是标准普尔 500 指数累计增长的约 120 倍。如果投资者在 1965 年买入 1 万美元伯克希尔公司股票，经过复利增长，到 2021 年这 1 万美元将变成 3.6 亿美元。芒格说："如果既能理解复利的威力又能理解获得复利的艰难，就等于抓住了理解许多事情的精髓。"

以下累进价值复利表所显示的是 10 万美元分别在 10 年、20 年、30 年、40 年、50 年、60 年、70 年、80 年期间，分别以每年 5%、10%、15%及 20%的收益率持续复利增值所累积的价值。

表 6-1 累进价值复利表 单位：美元

10 万美元本金收益率	5%	10%	15%	20%
10 年累积价值	162889	259374	404555	619173
20 年累积价值	265329	672749	1636653	3833759
30 年累积价值	432194	1744940	6621177	23737631
40 年累积价值	703998	4525925	26786354	146977156
50 年累积价值	1146739	11739085	108365744	910043815
60 年累积价值	1867918	30448163	438398874	5634751435
70 年累积价值	3042642	78974695	1773572003	34888895693
80 年累积价值	4956144	204840021	7175087940	216022846201

由上表可以看出，仅仅是 10%与 20%的差异，对最终的收益就会有巨大的影响。如果投资者投入 10 万美元，以每年 10%的收益率复利增长，10 年后将会增长为 259374 美元，20 年后将增长为 672749 美元。如果投资者投入 10 万美元，以每年 20%的收益率复利增长，10 年后将增长为 619173 美元，20 年后将增长为 3833759 美元，80 年后将增长到 216022846201 美元，即 2160 亿美元。

巴菲特的初始投资本金主要是通过他个人努力赚取的，他从 6 岁开始赚钱，做过数十种生意和工作，积累了原始的投资本金。巴菲特开始投资的钱不是一次性到位，比如在开创第一家合伙投资公司时，他作为普通合伙人只投入 100 美元。巴菲特在经营合伙投资公司期间，收益超过 6%的部分，他收取 25%作为提成，再把这些提成投入合伙公司中，增加他的股票比例，随着巴菲特的持续投入，他在后来的伯克希尔公司实现了控股。投资者不用等到积累了很大资金量才开始投资，不论有多少资金都可以投资，然后持续投入，也可以创造巨大的财富。当然，投资者在投资之前要充分掌握一套可持续增长的投资策略。

从 1941 年 11 岁开始从事股票投资到 2022 年的 92 岁，巴菲特从事投资的时间跨度已超过 82 年，他的年复合收益率大约是 20%。巴菲特将积蓄和盈利的绝大部分都用于投资，特别是在他执掌伯克希尔公司的数十年里，仅分红过一次。由于巴菲特强大的投资能力，盈利再投资政策创造了巨大的收益，推动伯克希尔公司股票价格不断上涨，其 A 类股在2022年曾经上涨到每股544389美元（巴菲特坚持A类股不拆分），巴菲特的不分红政策得到大多数股东的支持。根据《福布斯》杂志2022年全球富豪榜，巴菲特的财富为1180亿美元。巴菲特用一生的实践，生动展示了一个复利增长的绝佳范例。

◇第二节　长期投资具有持续竞争优势的公司

具有持续竞争优势的公司能带来长期而稳定的价值增长。投资者买入这类公司的股票后，只须耐心等待股票价格随着公司成长而上涨，而忽视股票价格的短期波动。投资者长期持有持续获利的公司股票，公司保留的收益继续产生新的收益，即可实现复利增长。巴菲特谈到他的长期投资策略时说："我用屁股赚的钱比用头脑赚的更多。"他认为买入卓越公司股票后长期持有呆坐不动更容易赚钱。

巴菲特在1987年致股东信中说："每当查理和我为伯克希尔公司旗下的保险公司买进股票时，我们的态度和我们买下一家私营公司一样，着重于评估这些公司的经济前景、经营管理层以及我们需要支付的合理价格。只要我们预计这些公司的价值能够稳定地增加，我们就愿意无限期地持有这些公司的股票。我们在投资时从不把自己当作市场分析师、宏观经济分析师或是证券分析师，我们把自己当作企业分析师。"

巴菲特在1990年致股东信中说："树懒天生的懒散特性正代表着我们的投资策略。1990年，我们主要持有6家公司的股票，其中有5家公司的股票全年没有买入1股也没有卖出1股。我们唯一有交易的股票是富国银行，这家银行因为拥有卓越的管理层、很高的投资回报率，所以我们将富国银行的持股比例提高到了将近10%（9.7%），这是我们可以不必向美国联邦储备委员会申报的最高上限（10%），其中1/6的股票是1989年买入的，其余的股票都是1990年买入的。"

巴菲特在1992年致股东信中说："1992年，伯克希尔公司所持有的股票与上一年相比几乎没什么变动，很多人产生疑问，为什么伯克希尔公司的管理层这一年都几乎不做什么事情呢？我要说明的是，目前我们持有的这些公司都非常好，有很好的经营业绩，而且我对这些公司也非常了解，为什么要卖掉它们呢？如果我把这些公司卖掉，又到哪里去寻找比它们更好的投资项目呢？”

彼得·林奇说：“如果投资者尝试避开股票价格下跌，那么很可能会错失下次股票价格上涨的机会，这就是试图预测股票价格的最大风险。以美国股票市场为例，如果投资者在过去25年的时间中一直坚守在股票市场，则投资的年平均报酬率超过11%；如果投资者喜欢经常买进卖出股票，又不幸刚好错过这当中表现最好的40个月，年平均报酬率就会跌至1%。股票市场反弹往往在最出人意料的时候，只有长期投资才能避免风险。”

2001年1月2日，苹果公司的股票价格是每股10.81美元，如果投资者这时买入1万美元苹果公司股票，并且持有到2010年12月31日（这时苹果公司股票的收盘价为每股322.56美元），投资者10年前投资的1万美元此时已经变成29.839万美元，10年总回报率是2983%，还不包括苹果公司的每年分红。2001—2010年，苹果公司股票市值的年复合增长率是40.43%。

巴菲特买入股票后从不关心股票的交易量，他主要关心的是公司的长期发展。巴菲特说：“我们很少关心几年内这些公司的股票成交量，我们关心的是公司的长期发展而不是根据股票价格的短期波动来衡量公司业绩。如果我们坚持长期投资理念，股票价格的短期波动就失去了意义，除非股票价格大跌让我们有机会买入更多股票。”

投资者投资的公司只要仍然具有持续竞争优势，能产生高于行业平均水平的经济效益，投资者就可以继续持有这家公司的股票。巴菲特说：“买入股票后保持不动是聪明的策略，我们公司不会由于联邦储蓄利率的小小改变，或者由于华尔街的某位权威人士改变了对市场的看法就抛售非常有前景的公司股票。我们持有的是只有少数人才拥有的最优秀公司的股票，既然如此，我们为什么要改变投资策略呢？”

巴菲特在2003年致股东信中说：“去年我们增持了一些富国银行的股票，除此之外，在我们六大持股之中，可口可乐公司股票最后一次调整持股的时间是1994年，美国运通公司股票最后一次调整持股的时间是1998年，吉列公司股票最后一次调整持股的时间是1989年，华盛顿邮报公司股票最后一次调整持股的时间是 1973 年，而穆迪信用公司股票最后一次调整持股的时间是 2000 年，股票经纪人实在拿我们没有办法。”

投资者采取长期投资策略，在股票价格远低于公司价值的时候买入具有持续竞争优势的公司股票，只要公司的基本面良好就可以长期持有，这些优质公司的股票价格会随着公司价值的提高而不断上涨。巴菲特说：“我从不认为长期投资是一件困难的事情，投资者持有一家卓越公司的股票而且很长时间不卖出，这就是长期投资。查理和我都希望长期持有我们拥有的公司股票，事实上我们希望与我们投资的公司白头偕老。我们喜欢购买公司，我们不喜欢出售公司，我们希望与我们持有的公司相伴一生。”巴菲特这种表述只是表明长期持有股票的态度，但他也会卖出股票价格过高或者基本面恶化的公司股票，他发现回报机会更好的投资项目时也会卖出回报机会相对一般的公司股票。

价值投资不一定是长期投资，长期投资只是价值投资采取的方式之一。投资者出于套利目的，在价格远低于价值时买入某项资产，短期内卖出获利也是价值投资。如果投资者买入一家优质公司的股票准备长期持有，而这家公司在一个月内由于市场非理性炒作，股票价格翻了 10 倍并且是公司价值的 5 倍以上，这时投资者应该卖掉这家公司的股票，因为股票价格远高于公司价值，股票价格下跌回归公司价值是必然的。价值投资最重要的是通过比较资产的价格和价值进行投资决策，而不是根据持有资产的时间长短来判断是不是价值投资。

◇第三节　长期投资能降低成本，提高收益

我国股票交易税费包括佣金、过户费以及印花税，交易越频繁，需要缴纳的佣金税费（也称摩擦成本）越多。投资者长期持有股票使交易次数减少，佣金税费等交易成本在投资总额中占的比例越低，投资收益越高。巴菲特说：“我们的目标是使我们的股东从公司的经营业绩中获利，股票价值取决于公司业绩而不是股票的换手率。投资者频繁交易对自身并没有什么好处，只会让证券公司赚取更多佣金。如果你认为频繁

交易股票可以致富的话，我不会和你合伙一起投资，却非常希望成为你的股票经纪人。”

巴菲特在 1988 年致股东信中说：“我们希望伯克希尔公司的股票交易量越少越好，如果我们经营的是一家只有几位合伙人的私营公司，我们也不希望合伙人时常加入或者退出合伙公司，经营一家上市公司也是同样的道理。我们希望伯克希尔公司能够吸引那些有远见的投资者，在他们买入股票后抱着打算与我们共同成长的想法，而不是持有已拟定卖出价格的时间表。我们实在不能理解为何有些公司的首席执行官希望自己公司的股票交易量越多越好，这意味着公司的股东构成总是会不断变化。比如在其他像学校、俱乐部、教堂这样的社会机构中，没有哪位负责人会希望自己的组织成员离开，但是却存在某些营业员（证券经纪人）就是要靠着说服成员离开组织来维生（投资者卖出股票后，证券公司可以赚取佣金）。当然还是有些伯克希尔公司股东想把股票卖掉，而我们希望能够找到合适的人以适当的价格来接手，因此我们试着透过我们的政策、表现与沟通，吸引真正了解我们公司，认同我们公司理念，并用同样的方式来对待我们的新股东。如果我们能够持续地吸引这一类股东，同时让那些重视短期利益的投资者远离我们公司，相信伯克希尔公司股票一定能够持续地以合理的价格交易。”

美国一家主要投资研究机构晨星公司曾对美国 3650 个共同基金的数据进行了全面分析，研究人员发现：相对于高换手率的基金，具有低换手率的基金能产生更大的利润回报；以 10 年为基准，与换手率高于 100％的基金的利润回报相比，换手率低于 20％的基金的利润回报要高出 14％。

巴菲特在 1989 年致股东信中说：“假设伯克希尔公司只有 1 美元，我们用这 1 美元买入一只股票，到年底这只股票的价格翻了一倍变成 2 美元，我们将这只股票出售获利。假设我们在接下来的 19 年中每年都用税后收益重复这个过程，每次都能获得一倍的利润，那么到第 20 年年底，我们已经基于 34％的资本利得税率向政府缴纳了 13000 美元的资本利得税，而我们的实际收入是 25250 美元，看起来结果还不错。但是，如果我们只做一次长期投资，在 20 年中市值翻倍 20 次的长期投资，我们所持股票的市值将增加到 1048576 美元。如果我们在这时候卖出股票，我们大约会向政府缴纳 356500 美元的资本利得税，我们的实际收入是 692000 美元。这两种操作方式金额差别如此之大，仅仅是因为纳税时间不同。有趣的是，政府在两种情况下的收入之比同我们一样都是 27∶1，尽管政府要等上 20 年才能收到税。”

美国加州大学布拉德·巴伯教授和特伦斯·奥迪恩教授对一家大型证券经纪公司的 66465 个家庭在 1991 年 1 月至 1996 年 12 月的交易记录和股票持仓数据进行分析。研究人员按账户的月平均换手率的高低将投资者分为 5 组，周转率最低的 20％投资者为第一组，年平均周转率只有 2.4％；周转率次低的 20％投资者为第二组，依此类推，周转率最高的 20％投资者为第五组，年平均周转率高达 250％以上。研究人员记录了每个小组的年平均收益率，试图了解股票周转率与投资收益率之间的关系，结果发现：股票周转率高的家庭和股票周转率低的家庭的平均毛收益虽然相近，但是扣除交易成本后，前者的平均净收益显著低于后者；股票周转率最高的家庭小组年平均净收益率只有 11.4％，股票周转率最低的家庭小组年平均净收益率为 18.85％，两个小组之间的年平均净收益率相差 7.45％。

巴菲特在 2013 年致股东信中说：“如果农场的投资者疯狂买卖彼此的农场，农作物产量和价格都不会增长。这些交易行为的唯一结果就是，由于农场拥有者寻求交易建议和交易农场而导致的大量交易成本会使农场拥有者的总收入下降。但是，那些从提供交易建议或产生交易中获利的人，一直在催促个人和机构投资者要积极交易，这导致摩擦成本变得很高，对于所有投资者来说，频繁交易总体上是没有任何好处的。所以，投资者要忽视这些市场噪声，保持总成本最小化，投资股票要像投资农场一样。”

投资者频繁交易股票的目的是为了增加收益，但是频繁交易的同时增加了佣金税费成本从而降低了投资收益。美国投资专家菲利普·费雪说：“在我的一生当中，只看到一个短期炒作的人赚到了钱，而靠长期投资赚钱的人却不计其数。”

第七章 集中投资

CHAPTER 7

第一节　集中投资收益更高
第二节　集中投资风险更小

◇第一节　集中投资收益更高

投资者集中选择几家具有持续竞争优势的公司，在股票价格远低于公司价值时，将大部分资金集中投资于这些公司，可以大幅提高盈利概率。巴菲特在1984年致股东信中说："当我们认为我们已经认真研究过公司，而且股票价格非常有吸引力时，以我们的资金实力能够在少数几家公司的股票上大规模投资。……长期来看，我们集中投资的策略会产生较高的投资回报，尽管我们的投资回报多少会受到伯克希尔公司资金规模太大的拖累。"

有些投资者为了规避投资风险，把资金分散在大量不同的股票上。然而，投资者的精力是有限的，用同样的时间和精力研究10家公司或100家公司，对这些公司的了解程度肯定是不一样的。投资者如果持有几十家公司的股票，一定对所投资公司知之甚少，在这种情况下，风险就提高了，盈利概率也降低了。《财富》杂志的文章称："'分散投资是获取巨额财富的关键'是投资谎言之一，这也许不客观，但是从来没有任何投资者曾经靠某种伟大的分散投资策略进入亿万富翁排行榜。"

巴菲特在1994年致股东信中说："在投资新的公司之前，我们一般先增加已持股公司的股票。如果一家公司曾经有足够的吸引力让我们买入，再重复一次这样的过程也是不错的。我们很愿意增加喜诗糖果公司或斯科特·费策公司的持股，只可惜增加至100％的持股比例恐怕还是有些难度。在股票市场上，投资者对于自己熟悉并喜爱的公司，通常会有很多机会增加已有的持股比例，我们去年就增加了对可口可乐公司与美国运通公司的持股。"

巴菲特在1988年致股东信中说："我们持续把资金集中投资在少数几家我们能够深入了解的公司上。我们非常确定并愿意长期持有的公司股票只有少数几只，因此，当我们发现这样的公司时，我们就想持有较大比例的股票，我们同意梅·韦斯特（美国女演员）的观点：好东西当然是越多越好。”

巴菲特说：“我们的投资仍然是集中于少数几家公司股票上，而且我们的投资理念非常简单，真正伟大的投资理念常常用简单的一句话就能概括。我们寻找的是具有持续竞争优势并且由一群既有能力又维护股东利益的人来管理的公司，当我们发现具备这些特征的公司，而且我们又能以合理的价格购买时，我们几乎不可能亏损。”

巴菲特在 1991 年致股东信中说：“约翰·梅纳德·凯恩斯（英国经济学家）的投资实践与他的经济思想一样杰出。1934 年 8 月 15 日，他曾经写了一封信给他的合作伙伴弗朗西斯·斯科特。凯恩斯在信中说：‘我越来越相信正确的投资方式是将大部分的资金投入自己了解并且十分信任的公司，而不是将资金分散到自己不了解而且没有特别信心的一大堆公司中。投资者通过分散投资来降低投资风险的想法是错误的，因为投资者对这些公司的了解很少，更别说有特别的信心了。我们每个人的知识和经验都是有限的，就我本人来说，在某一个特定的时间段里能够有完全信心投资的公司也只有两到三家。’”

芒格说：“和其他投资者相比，伯克希尔式的投资者倾向于进行集中投资。学术专家推荐采用分散投资策略，对投资者来说并没有实际帮助。在我看来，分散投资的观念很愚蠢，这种观念强调投资收益接近市场平均收益可以带给投资者的良好感觉。但是，如果没有人用鞭子和手枪逼迫你，你为什么还要跟随大众随波逐流呢？”

巴菲特在 2008 年与戈伊苏埃塔及麦库姆斯商学院学生交流时说：“如果你是一名专业的投资者而且对自己非常有信心，我建议更多地进行集中投资。大多数人只要别在价格太高的时候买入或者不该买的时候买入就行。如果你不是专业投资者，还想要小聪明，每个星期只用一个小时研究投资，最后很可能后悔自己太愚蠢。投资者如果熟悉投资，那么分散投资毫无意义，把钱投在你名单里的第 20 个选项而不是第 1 个选项，这是很荒唐的。以勒布朗·詹姆斯（美国篮球明星球员）为例，球队里有勒布朗·詹姆斯，一定要让他上场而不能把他换下来。查理和我的投资大部分集中在 5 家公司的股票上。如果我管理 5000 万美元、1

亿美元或者2亿美元，我会将80%的资金集中投资在5只股票上，并把25%的资金分配在最有前景的一只股票上。1964年我发现了一个好的投资机会，我将合伙公司40%的资金投资在一只股票上，我告诉合伙人他们可以撤回投资，但是没有合伙人撤回投资，这只股票就是受色拉油欺诈事件影响的美国运通。1951年，我几乎用自己个人所有资金买了政府雇员保险公司的股票。1998年末，长期资本管理公司陷入困境，当时新旧国债的价差很大，我把我个人账户中75%的资金投资于这个套利机会，甚至在过去几年也出现过这样的机会，我愿意用高达75%的资金去做一笔投资。在过去50～60年里，查理和我做了那么多笔投资，从来没有一笔投资让我们亏损超过个人总资产的2%。我们只是遇到股票价格波动带来的账面浮亏，一笔投资账面浮亏50%的时候我们也遇到过。我们经常说不要借钱投资，我们不想把自己的命运交到别人手里。商品打折大甩卖的时候，大家都争相购买打折商品，而股票打折大甩卖的时候，很多投资者是不喜欢的。当投资者看好一家公司的股票，以每股30美元买入，当股票价格跌到每股20美元时，投资者继续购买这家公司的股票才是正确的。麦当劳汉堡如果降价了，这难道不是好事吗?”

投资者对小金额的投资往往不会深思熟虑，前期的研究分析会比较简单，更可能草率决定，投资成功概率就比较低，而在做出重大投资决定之前要进行很多研究分析，投资金额越大，就会越认真对待，成功概率就越高。巴菲特说：“我分析了巴菲特合伙公司的所有投资，我们有金额很大的投资，也有金额较小的投资。我发现金额大的投资总是比金额小的投资成功很多。”

巴菲特在其几十年的投资生涯中坚持集中投资原则，把资金投注在获益概率最大的公司股票上，获取了远高于市场平均水平的回报。巴菲特在1992年伯克希尔公司股东大会上说：“我与商学院的学生交流时经常说，当他们离开学校后可以做一张印有20个圆圈的卡片，每当他们做出一项投资决策时就在圆圈上面打一个洞，那些打洞较少的人将会变得更富有，原因在于：如果你为大的投资想法节省的话，永远不会打光所有的20个圆圈。”

芒格曾在南加州大学的演讲中说："人类并没有被赋予在任何时候了解任何事的才能，但是有些努力奋斗的人被赋予某种才能，他们不断地观察这个世界并寻找在错误定价上下注的机会。理智的人会利用世界给他们提供的这一机会迅速下注而且在大概率成功的机会上加大赌注，其他时间则不会轻举妄动，事情就是这么简单。"

《福布斯》杂志专栏作者马克·赫尔伯特研究发现：如果从巴菲特所有投资中排除最好的15项股票投资，那么他的长期业绩表现将非常平庸；巴菲特集中投资的股票数量平均只有8.4只左右，占投资组合的比例平均为91.54%。巴菲特说："我不会同时投资50家或70家公司，那是挪亚方舟式的传统分散投资方法，我喜欢以适当的资金集中投资于少数几家优秀的公司。"

投资者要通过各种途径对备选公司进行全面考察然后优中选优，集中投资于最好的几家公司，如果某只股票的潜在回报率高，那么这就是一次难得的投资机会，投资者要投入较多的资金。巴菲特说："投资者所做的每一笔投资，都应该有勇气和信心将自己10%以上的资金投入这只股票。"按照巴菲特的这个建议，投资者持有的股票最好不要超过10只。不过，我们不能简单地将资金平均投资在10只股票上，在被选中的几只股票里肯定有一部分股票优于其他股票，投资者要将更多的资金投资于更好的股票当中。彼得·林奇说："投资者真正要做的事是在众多的股票中找到几只十年不遇的大牛股。如果投资者持有10只股票，其中3只股票是大牛股，1～2只股票赔钱，剩下的6～7只股票表现一般，投资者就能获得丰厚回报。如果投资者能找到几只翻3倍的大牛股，就会拥有大笔财富，不论同时还选了多少只赔钱的股票。如果投资者充分了解公司的发展状况，可以把更多的钱投入未来确定性更高的公司。投资者也不需要经常把钱翻3倍，只要一生中抓住几次翻3倍的机会，就会拥有巨大的财富。如果投资者开始投资时有1万美元，然后有5次机会翻3倍，就可以得到240万美元；投资者如果有10次翻3倍的机会，1万美元就会变成5.9亿美元。"

巴菲特集中精力寻找符合高标准的公司，一家公司的预期收益越高，未来确定性越高，他就会投入越多资金。巴菲特并没有设计集中投资组合，集中投资组合是巴菲特投资方式的必然结果。投资者要更多关注公司长期收益能力，忽视投资组合的构成。芒格说：“在扑克牌游戏中，当你握有一手非常有利的牌时，你必须下大赌注。”

◇第二节　集中投资风险更小

投资者如果买了几十家公司的股票，不可能对每一家公司都十分了解，必然会买到自己不了解的公司股票，当投资者不了解所投资的公司，在这家公司上获取回报的成功率就会大大降低。巴菲特说：“分散投资是保护无知的挡箭牌，如果你想要确定相对于市场不会有任何不利的事情发生在你身上，你就应该拥有市场上所有的股票，这并没有错，对那些不知道如何分析公司的人来说，这种方法完全正确。”

许多人认为不要把所有鸡蛋放在同一个篮子里，而应该分开放在很多篮子里，这样即使某个篮子的鸡蛋摔破了，也不会影响其他篮子里的鸡蛋。但是，一个人无法照顾好所有的篮子，顾此失彼的结果可能是让很多篮子里的鸡蛋摔破。人们应该把所有鸡蛋放在同一个篮子里，然后小心地看好这个篮子。许多投资者相信多元化投资的好处，反而忽略了对自己所要投资的公司进行全面的考察，投资者没有办法在短时间内对很多家公司有完全的了解。巴菲特说：“我们的投资仅集中在少数几家杰出的公司身上，我们是集中投资者，集中投资于非常了解的优质公司股票，投资风险远远小于分散投资于许多根本不太了解的公司股票。”

美国投资专家菲利普·费雪说：“我知道我对公司越了解，我的收益就会越好。许多投资者，包括那些为他们提供咨询的投资专业人士，他们从未意识到购买自己不了解的公司股票可能更加危险。最优秀的公司股票是非常难以发现的，如果很容易发现，那不是每个人都拥有这些股票了？我只想购买最优秀公司的股票，否则我宁愿不买。”

美国投资专家伯纳德·巴鲁克说：“投资者把资金分散到太多证券上是不明智的，要想时刻追踪可能改变证券价值的因素需要很多时间和精力。尽管投资者可能了解关于少数几个问题必须要了解的所有情况，但是投资者不可能了解关于许多问题必须要了解的所有情况。投资组合的分散化或集中化程度与用在选股上的时间和精力直接相关，分散化程度越高，用在每一次投资决策上的时间就越少。”

投资者认真考察一家公司，仔细阅读这家公司的年度报告，了解公司价值，熟悉公司业务，在透彻了解理性思考的基础上进行投资，成功概率自然很高。投资者集中投资是建立在对公司进行详细研究基础之上的，如果投资者在缺乏了解的情况下投资一家公司，风险必然是巨大的。巴菲特在 1993 年致股东信中说：“如果投资者有一定的选股能力，熟悉行业情况并能够找出 5～10 家股票价格合理并且具有持续竞争优势的公司，传统的分散投资对投资者来说就毫无意义，分散投资反而会容易危及投资者的投资本金并提高投资风险。我无法理解投资者为何要把钱放在自己的名单上排名第 20 位的股票上，而不是把钱集中投资在排名更为靠前、自己更加熟悉、风险更小而且获利潜力更大的股票上。”

巴菲特在 1993 年致股东信中还说：“查理和我在很早之前就明白了一个道理，一个人做出上百个小一点的投资决策并不是一件很容易的事，这种想法随着伯克希尔公司资金规模日益扩大而更加明显。在投资领域，可以大幅影响伯克希尔公司投资成效的机会已经越来越少了，因此我们对自己的要求只是在少数几次投资中够明智就好了，而不是做到每次投资都非常明智，所以我们现在只要求每年出现一次好的投资主意就可以了（查理提醒我今年该轮到我提出投资主意了）。

“我们采取的投资策略与标准的分散投资信条有所不同。许多专家认为集中投资策略一定比传统投资者所采用的分散投资的风险更大，我们不同意这种观点。我们相信集中投资策略使投资者在买入股票前既要提升考察公司状况时的思考深度，又要提高对公司收益特征的满意程度，因而集中投资更可能降低投资风险。为了说明这种观点，我采用字典上的词条解释，将风险定义为损失或损害的可能性。”

巴菲特在 1994 年致股东信中说：“我们投资美国运通公司的历史可以追溯到很多年前，这家公司符合我们从原来投资的公司中寻找投资机会的策略。举例来说，1951 年，我对政府雇员保险公司的投资占据我个人投资组合的70%，它也是我有生以来第一次以证券经纪人身份推荐的股票（我将100股政府雇员保险公司股票卖给了我的姑妈爱丽丝，她对我的投资建议基本上全部照办，上帝保佑她）。25年后，当政府雇员保险公司面临破产威胁时，伯克希尔公司买下政府雇员保险公司大量股票。另一个例子是华盛顿邮报公司，1941年，我当时的第一笔投资资金有一半来自派送《华盛顿邮报》的收入，30年后，伯克希尔公司在上市两年后买下华盛顿邮报公司大约10%的股票。”

巴菲特经常关注一家公司很多年，有时会去考察公司的经营管理情况，当研究透彻之后，他会在股票价格远低于公司价值时大量买入。巴菲特在2002年致股东信中说：“在股票投资中，我们预期每一笔投资都能产生理想的回报，因为我们将资金集中投资在少数几家财务稳健、具有强大竞争优势，并且由能力非凡、诚实可信的经理人所管理的公司股票上。如果我们以合理的价格买入这类公司股票，投资损失发生的概率通常非常小，在我们管理伯克希尔公司投资的38年间（扣除通用再保险公司与政府雇员保险公司的投资），投资获利与亏损的比例大约为100∶1。”

第八章

套　利

CHAPTER 8

第一节　套利概述
第二节　白银套利
第三节　并购套利
第四节　可转换债券套利

◇第一节　套利概述

一、套利的收益与风险

套利也称为价差交易，是指某种实物资产或金融资产在同一市场或不同市场拥有两个价格的情况下，投资者以较低的价格买进然后以较高的价格卖出从而获取收益。套利最终会导致资产价格回归均衡水平。

由于每一次套利都不同，每一种情况都需要独立评估。巴菲特说："如果每笔交易都对投资者有利的话，把一连串的套利汇集在一起，投资者就可以把收益较低的每笔套利最终变成一个获利丰厚的年收益。我们公司的一部分资金将被用于短期套利以获取差价，这些短期套利机会通常包括公司重组、清算、并购，以及可转换债券和优先股的套期保值。"

巴菲特参与过各种套利活动，包括美国通用动力公司套利、阿塔卡公司套利、德州国家石油公司套利等。巴菲特在1960年致股东信中说："我们合伙公司35%的资金被投入到一种股票（买入桑伯恩地图公司股票），其余的资金被投入到某些被低估的股票以及并购套利中。在可能的范围内，我们将继续投资于某些套利，这些套利至少会部分地抵消股票市场整体走势低迷所带来的影响。"

巴菲特掌管合伙公司期间，大约有40%的利润来自于套利，这就确保巴菲特合伙公司即使在股票市场低迷时也能取得比较好的年度收益。1962年，美国道琼斯指数大跌7.6%，但是巴菲特合伙公司的投资收益率为13.9%，超越指数21.5%，其优异业绩与套利关系密切。

巴菲特1998年在佛罗里达大学商学院的演讲中说："由于我们长期管理资金，随着时间的推移，我们积累了对和证券有关的其他业务的了解，其中一项业务就是套利。我做了45年套利，格雷厄姆做了30年套利。我从事套利时必须守在电话附近，随时等待了解最新的消息，同时也必须到处搜集信息，因为套利要求我紧跟市场变动。我现在已经不做套利了，除非出现我自己看得懂的极大套利机会。到目前为止，我可能做了 300 次以上的套利，我们前 10 名的套利活动可能占据 90%的资金。我对前 10 名的套利活动有一些了解，虽然不了解其中所有的细节，但是已经掌握了足够多的信息。同时，我们参与套利将得到可观的价差利润，我们也有足够的资金参与时间跨度较大的套利，所以我们觉得可以参与套利。我们从事套利是可能赔钱的，但是我们拥有一些有利因素，而且我们只在自己了解的领域参与套利。”

虽然套利能够在短期内获得巨大的收益，但是也存在着很大的风险，投资者应该谨慎评估套利条件以免造成本金损失。很多行业都存在套利机会，投资者必须对相关行业或公司十分了解，才能在套利机会中取得确定性收益，如果投资者对相关行业或公司不了解，将导致自己的认识和理解可能会比较片面，无法充分全面了解套利的机会和威胁，将使套利的盈利概率大大降低。

二、套利机会举例

一是利率价差。以较低的利率借入资金再以较高的利率贷出资金，就是利率价差套利。大多数银行的主要业务就是从事利率价差套利，支付储户较低的存款利息，再向符合条件的单位和个人发放利率较高的贷款，从中赚取利率价差。

二是商品价差。商品价差套利是利用同一商品在不同市场上出现的价差套利。例如同等级大豆价格在美国低于中国，如果美国大豆价格加上运输、仓储及风险成本仍低于中国大豆的价格，则把美国大豆运到中国出售就可以套利。

三是汇率价差。假设伦敦交易所的汇率为 1 美元兑换 100 日元，香港交易所的汇率为 1 美元兑换 80 日元。套利者用 1000 日元在香港兑换成 12.5 美元，再将 12.5 美元在伦敦兑换成 1250 日元，这样就可以获取 250 日元的套利利润。当然，实际汇率价差非常小，汇率价差存在的时间也非常短暂。

四是股票价差。如果甲公司宣布以每股100元收购乙公司，而乙公司当前的股票价格只有每股80元，投资者购买一股乙公司股票就存在20元的套利空间，由于市场参与各方会迅速对这个事件做出反应，这个套利空间存在时间会很短暂。

◇第二节　白银套利

白银化学属性相对稳定，可以长期存放，并且只要规定纯度，不同交易所的白银是一致的。白银广泛用于首饰制品、日用制品、交易货币、化工材料、电子电气、工业生产等方面，由于白银用途广泛，市场需求相对稳定，流动性和保值性都非常好。白银的价格在世界上公开透明，如果某个地区白银价格偏低或者偏高，由于资本的逐利性，那里的白银最终将会回归标准价格。

20世纪70年代初期，白银价格大约是70.54美元/千克，美国富商亨特兄弟大量购入白银，到1979年底，他们控制了3401942.78千克现货白银和1417476.16千克期货白银。当年全球白银交易量只有566990.46千克，亨特兄弟控制的白银总量大约是全球白银年交易量的8倍。1980年，白银价格升到了1763.5美元/千克，面对白银市场的恶性炒作，美国市场监管部门出手管控，在严厉管控下，白银价格从最高1763.5美元/千克下跌至352.7美元/千克左右，亨特兄弟最终以破产收场。此后，白银价格陷入长期低迷状态，许多银矿无利可图，被迫停产，白银供应开始大幅减少，但是白银需求仍然稳定。

20世纪90年代末期，全世界都在追捧互联网科技公司，就在白银价格低迷时，巴菲特开始持续买入大量白银。他在1997年致股东信中说："我们在1997年一共买进1.112亿盎司（约315.25万千克）白银，以目前的白银市场价格计算，为伯克希尔公司创造了9740万美元的税前利润。在30年前，我因为预期美国政府将实行货币自由化而买进白银，从那以后，我就一直追踪贵金属市场变化，只是我没有买进贵金属。一直到最近这几年，白银的库存突然大幅度下滑，查理和我得出一个结论，那就是白银的价格要上涨才能维持供给与需求的平衡，至于很多人关注的通货膨胀预期则不在我们的考虑范围之内。”

1999年初，白银价格为253.24美元/千克，巴菲特在白银价格下调过程中不断加仓，买入白银的平均成本约为176.35美元/千克，买入的白银总计为3685438千克。2006年，白银价格上涨至529.05美元/千克，巴菲特清空了白银持仓。他投资白银的收益大概在7亿美元以上，年复合收益率大约是15%。巴菲特说：“目前白银价格的上涨不是基本面在起作用，而是由投机因素推动的，鉴于白银价格走势和基本面偏离过多，我决定不再保留白银持仓。”

巴菲特后来提到这一投资时说：“我们曾经持有大量白银，但是现在已经全部卖出了。我最初决定买入白银是基于白银的开采量和回收再利用总量低于白银的消费总量，目前的白银消费需求已大幅降低，比如照相行业可以回收大量白银，因而也起到了抵消供应不足的作用。白银市场供给与需求曾经是失衡的，但是由于累计开采出来的白银供应量很大，并且原本用在其他地方的白银使用量释放出来增加了白银供应量，这些就是亨特兄弟在20世纪80年代早期试图囤积白银赚取暴利时白银市场发生的变化。白银矿非常少，大多数白银是其他矿产采掘过程的副产品，因此白银开采产能不容易扩张。我认为白银供应会变得紧张，价格将会上涨，我很早就认识到这一点而买入白银，当然我们卖出白银也很早。”

巴菲特买卖白银也是基于供需关系分析，在白银处于供不应求且价格低迷时买入，在白银供过于求且价格高涨时卖出。亨特兄弟和巴菲特都是用大量资金在白银处于低价时开始囤积白银，但是，亨特兄弟在白银价格暴涨时不愿离场，企图榨取更高的利润，引起了市场监管部门的警觉并出手管控，而巴菲特在白银价格高涨后及时卖出白银，保住了投资利润。这个白银套利案例也印证了巴菲特的名言：“当别人贪婪时恐惧，当别人恐惧时贪婪。”

巴菲特在这次白银套利过程中买入白银时不是最低价，他买入白银后还出现过近20%的账面浮亏；巴菲特卖出白银时也不是最高价，在他卖出白银后，长期来看，白银价格仍在继续攀升。可以看出，巴菲特也无法判断价格的最低点和最高点，投资者不用纠结价格最低点和最高点，能安全赚到可观的利润才是关键。

◇第三节　并购套利

投资者试图获得股票市场价格和并购交易价格之间的差价，就是并购套利。例如，甲公司宣布在 6 个月内以每股 110 元的价格买入乙公司，如果乙公司每股的市场价格为 100 元，那么投资者以 100 元买入乙公司的股票，再以 110 元的价格卖出，就得到 10 元的利润，投资回报率为 10%。如果这项投资在 6 个月内完成，折合年化收益率为 20%。

巴菲特在掌管合伙公司期间，每年的套利投资都为公司创造了大量利润。巴菲特说："在任何时候，我们都可能涉及 10～15 项套利，一些套利可能刚刚开始运作，而另一些套利可能已到了交易过程的最后阶段。"

巴菲特在 1986 年致股东信中说："套利是除了政府债券以外，短期资金投资的重要途径，但是投资风险与投资回报相对都比较高。虽然这些套利投资的回报确实比政府债券要好得多，但是一次惨重的损失也将使公司的总体投资业绩严重下滑。"

1987 年，巴菲特大幅减少了普通股的持有数量，把资金投入套利活动，使伯克希尔公司的投资收益仍然保持增长。1988 年，巴菲特参与了 20 次不同的并购套利。他在 1988 年致股东信中说："在过去的年度报告中，我曾经向各位股东报告我们的保险子公司有时也会从事套利，用来代替持有短期政府债券，当然我们会优先考虑做一些重要的长期投资，但是我们的资金总是多于我们的投资主意。在这样的情况下，套利的回报经常会高于政府债券，同时很重要的一点是让我们不至于放松长期投资的标准。1988 年，我们的套利投资获利颇丰，不论是金额还是投资报酬率都很可观，我们总计投入 1.47 亿美元，赚取了 7800 万美元利润。”

巴菲特在1988年致股东信中还说：“华尔街有一句格言：给一个人一条鱼只能让他吃一餐，教他如何套利却可以养活他一辈子（当然，他如果到伊凡·博斯基[①]的套利学校学习套利的话，可能就可以由州政府的监狱养活他了）。投资者在评估套利时必须回答四个问题：一、已公布的事件发生的概率有多大？二、投资者投入的资金总计要占用多长时间？三、有多大可能会发生更好的结果（例如并购中竞购价格提高）？四、因为政府反垄断或是财务意外状况导致并购案中断的概率有多高？”

巴菲特从事套利会遵循集中投资原则，每年只参与少数大型的交易。同时，巴菲特在套利中也坚持安全边际原则，他只投资已经公告并购交易的公司，同时对并购交易进行详细分析研究。巴菲特在1988年致股东信中说：“伯克希尔公司的套利与其他套利投资者有些不同，很多套利投资者一年参与几十个套利案，我们每年只参与少数通常是大型的交易案。套利案如果过多，就像很多锅同时在煮，套利投资者必须花很多时间监控交易进度和股票价格变动，这并不是查理和我想要的生活方式，为了赚钱每天盯着电脑屏幕有什么意义呢？当然，由于我们只专注于少数几个套利案，所以一个特别好或是特别差的套利案，都可能会大大地影响到我们一整年的套利业绩。非常幸运的是，到目前为止伯克希尔公司还没有遇到重大套利损失，如果发生重大套利损失，我一定会向各位股东如实报告。另外还有一点不同的是，我们只参与已经公开对外宣布的并购案，我们不会仅靠传言来猜测可能被并购的对象，我们只看报纸上的并购公告，思考几项关键因素并且按照我们判断的可能性做出投资决定。”

投资者要对目标公司有充分的了解，如果目标公司的股票价格低于公司价值，即使并购交易失败，股票价格下跌也不会危及投资者的本金，股票价格还有机会回归公司价值。投资者还要考虑时间成本，有的大型公司并购时间跨度可能比较长，投资者要考虑何时开始参与套利，

① 美国股票套利投资商，因非法内幕交易被判3年半监禁，没收其非法所得8000万美元，处罚金5000万美元，并剥夺其证券交易权利终身。

如果套利价差太小，时间跨度太大，折合成年化收益率就会很低。巴菲特说："对于一些特定事件，例如对冲的机会，我们绝对愿意冒一些损失金钱的风险。对于我们实在看不清楚的机会，我们就不参与了。我只参与那些我们能看清楚的套利机会。"

巴菲特对市场传闻的并购案不感兴趣，他只从事已经公告并购的套利。巴菲特说："有哪种人会对还没公告的资产转移行为进行投资？只要你动脑子想一想，也许就可以猜得到，那正是华尔街的投资者，他们猜想过多并且只看到有利的一面，他们认为能够从传言将要被并购的公司中获得巨额利益。如果靠听传言来投资的话，即使可能获得巨额投资回报，但是同时也意味着必须冒着非常大的投资风险。"

公司并购过程本身存在很多不确定因素，在并购过程中股东大会投票反对并购、政府部门反垄断审查等，都可能导致并购交易终止。投资者参与套利一定存在失败的可能性，投资者要考虑一旦套利失败可能会损失的程度。很多投资者在做并购套利的时候，会先想到并购成功之后股票价格上涨带来的高额投资回报，而较少考虑并购失败造成的损失。如果并购交易终止，股票价格大幅下跌，投资者就可能亏损。2009 年，可口可乐公司计划收购汇源果汁公司，中国商务部以反垄断为由否决了这项收购，汇源果汁复牌后股票价格大跌，许多企图从中套利的投资者损失惨重。投资者最好只参与确定性高的套利。巴菲特说："拿套利作为例子，其实我们就算在获利概率非常确定的并购交易案中亏损也无所谓，但是我们不愿意随便参与一些预期损失概率很大的投资机会。为此，我们希望计算出预期的获利概率，并以此作为决定是否投资的唯一依据。"

并购套利投资决策的关键是对盈利概率进行判断，巴菲特只会从事盈利概率较大、确定性高的套利。他说："我通常会先去评估并购交易的成功概率、可能获利金额或可能损失金额。假设我认为一件并购案有 90％的发生概率，而且股票价格受并购消息影响上升幅度可能是 3 美元，相反，这个并购案有 10％的概率不会发生，而股票价格因并购失败下跌幅度可能有 9 美元，那么，这个并购案的期望值为 1.8 美元。"期望值＝有利的概率×相应的奖励－不利的概率×相应的处罚。投资者要想更大概率保住本金或者盈利，期望值的计算结果要大于 0。

投资阿卡塔公司套利

阿卡塔公司的主营业务是森林产品和印刷产品，公司拥有多处森林资产。1978 年，美国政府为了扩大国家公园范围，决定征收阿卡塔公司的一处红木林，总面积约 10700 公顷。美国政府计划以分期付款方式支付给阿卡塔公司 9790 万美元，分期付款的利率为 6%。阿卡塔公司认为政府征收这块红木林的价格太低，而且 6% 的分期付款利率也太低。

1981 年，KKR 公司（Kohlberg Kravis Roberts & Co. L. P.）提出以每股 37 美元再加上政府额外补偿款的 2/3 收购阿卡塔公司，当时阿卡塔公司的股票价格约为 33 美元。当年 9 月 28 日，阿卡塔公司董事会同意将公司卖给 KKR 公司。

巴菲特研究分析了 KKR 公司过去的收购记录，认为 KKR 公司成功融资完成收购的可能性较高。即使 KKR 公司决定停止并购交易，既然阿卡塔公司董事会已经决定要出售公司，就将与其他买主商谈。除了并购价和股票价差外，被政府征收的红木林补偿款也是一笔额外收入。

1981 年秋季，伯克希尔公司开始买进阿卡塔公司股票，到当年 11 月 30 日，伯克希尔公司已经买入 40 万股，占阿卡塔公司总股本的 5%，每股均价 33.5 美元。1982 年 1 月 4 日，阿卡塔公司和 KKR 公司签订了收购协议。伯克希尔公司继续以每股大约 38 美元的价格增持了 25.5 万股阿卡塔公司股票，持股数增至 65.5 万股，约占阿卡塔公司总股本的 7%。至此，伯克希尔公司的总投入资金为 2290 万美元。

KKR 公司与阿卡塔公司签订协议后，由于难以筹措到足够的收购资金，便提出将收购价调整为每股 33.5 美元，阿卡塔公司拒绝了该收购价。两天后，KKR 公司调高收购价至每股 35 美元，阿卡塔公司再次拒绝了 KKR 公司的收购方案，并接受了其他公司以每股 37.5 美元收购阿卡塔公司的方案，另外再加上潜在的政府诉讼补偿款的 50%。伯克希尔公司投资 2290 万美元阿卡塔公司股票得到了 170 万美元利润，历时 6 个月，折合成年化收益率大约为 15%。

在阿卡塔公司诉讼美国政府过分低估红木林价值期间，法院指定了两个委员会，一个委员会负责评估红木林的价值，另一个委员会负责决定适当的利率。1987年1月，第一个委员会评估红木林的价值为2.757亿美元，而不是9790万美元。第二个委员会认定适当的利率应该是14%，而不是原来的6%。法院判定政府应该付给阿卡塔公司6亿美元。后来联邦政府上诉，1988年，诉讼双方以5.19亿美元达成和解。当年，伯克希尔公司收到1930万美元，1989年，伯克希尔公司又收到了80万美元。

投资通用动力公司套利

美国通用动力公司是一家军工企业，为军方提供导弹系统、防空系统、战斗机等武器。冷战结束后，美国国防军事装备需求下降，通用动力公司的营业收入不断下滑。1991年，通用动力公司股票价格下跌至19美元/股，这是10年内的最低点。

通用动力公司新任首席执行官比尔·安德斯开展了重大变革：解雇数千名员工，削减研究开发费用，收缩公司业务战线，大举减少公司债务，陆续出售了几项非核心业务，只保留具有良好收益能力的核心产品事业部门，取得了12.5亿美元的收入。

1992年，通用动力公司宣布将以每股65.37～72.25美元的价格回购1320万股股票，占通用动力总股本的30%。通用动力公司回购股票可以减少流通股的数量，并大幅度提高继续持股股东的每股价值。巴菲特发现了套利机会，伯克希尔公司买入430万股通用动力公司股票。

巴菲特在1992年致股东信中说："我们公司有幸买到通用动力公司股票，之前我并未特别留意这家公司。直到去年夏天，通用动力公司宣布回购大约30%的股票，我判断存在套利机会，伯克希尔公司开始买进这家公司的股票，希望透过通用动力公司回购股票可以赚取小笔利润。过去几年，我们曾经做了好几次类似的套利，让短期资金获得丰厚回报。我开始研究这家公司以及比尔·安德斯在担任这家公司首席执行官后所做的事，他的表现让我眼前一亮。比尔·安德斯有一套精心规划的策略，他积极努力实现其构想，最后也让公司取得了非常好的业绩。不久，我就抛弃了短期套利的念头，决定要成为比尔·安德斯的长期投资者。由于通用动力公司回购股票的利好消息带动股票成交量扩大，我们得以买进大量股票，在短短一个月，我们一共买进14%的通用动力公司股票，这是通用动力公司回购股票之后的持股比例。”

最初，巴菲特出于套利目的买入通用动力公司股票，当他发现通用动力公司具备长期投资价值时，他决定从短期套利转变为长期投资。通用动力公司继续出售航空器和太空系统业务，获得了17.2亿美元的资金。1993年4月，通用动力公司发给股东每股20美元的特别股利，7月又发给股东每股18美元的特别股利，10月再发给股东每股12美元的特别股利，全年累计发放每股红利达50美元。伯克希尔公司在1992年7月到1993年底持有通用动力公司股票的一年半中，通用动力股票价格上升到每股103美元。到1999年中期，伯克希尔公司从通用动力公司分红、出售股票中获利估计为4.5亿美元。

◇第四节　可转换债券套利

一、可转换债券概述

可转换债券简称可转债，属于低息债券，投资者持有可转债到期后可以得到每张可转债票面金额（通常为100元）和相应利息，可转债在一定条件下可以转换成股票。可转债价格上涨没有上限，但是下跌风险却被限制在票面金额以内，投资接近面值或面值以下的可转债有充足的安全边际。

有些可转债的价格涨到几百元，这主要是股票价格上涨带动的。投资者投资高价位的可转债风险比较大，由于股票价格短期涨跌往往是不确定的，一旦股票价格大跌，可转债的价格也会下跌，投资者可能损失本金。如果投资者看好某家上市公司的长期发展前景，可以直接投资这家公司的股票。

股票市场行情低迷时，投资可转债可以赚取部分收益。巴菲特会采用套利的方式提高整体投资收益，在他的早期和中期投资阶段，套利是巴菲特整体投资业绩常年跑赢股票市场指数的关键之一。

二、强制赎回（有条件赎回）条款

可转债触发强制赎回的条件有两种：第一种是股票价格比转股价格高出多少，比如“公司股票在任何连续30个交易日内至少有15个交易日的收盘价格不低于当期转股价格的130%”（大部分是130%，小部分是120%），不同可转债强制赎回条款中的时间和价格可能有所不同；第二种是可转债未转股的余额低于多少，比如“本次发行的可转债的未转股余额低于人民币3000万元”。

以上两种条件达到任意一条，发行可转债的上市公司都可以把可转债强制赎回。强制赎回是上市公司的权利而不是义务，如果可转债达到强制赎回条件，大多数上市公司希望可转债持有人尽快转成股票，因为投资者越早转成股票，从债主变成股东，就可以避免公司更多资金流出，并减少应支付的利息。

投资者投资可转债通常不是为了赚取非常低的利息，而是希望通过公告强制赎回时转成股票的契机赚取差价，在可转债的这两个最主要参与方的推动下，可转债最终转成股票的概率超过90%。由于绝大部分可转债都是在强制赎回之前被转成股票，所以大部分上市公司发行可转债本质上就是增发股票，而可转债的转股价格就是增发股票的价格。

大多数上市公司会想办法让股票价格涨到比约定转股价格高30%以上，然后公告强制赎回，督促投资者把可转债转成股票。如果投资者不愿意或者忘记转成股票而继续持有可转债，上市公司有权提前强制还债。上市公司强制赎回的价格是面值100元加上利息，而可转债的利息是比较低的。有些被强制赎回的可转债在赎回前价格即使达到几百元，同样也是以面值100元加利息的价格强制赎回。如果上市公司公告强制赎回，而投资者没有在约定的期限内卖出可转债或者转成股票，那么投资者持有的可转债就会被上市公司以低价赎回，从而遭受巨大损失。投资者要把持有的可转债以及可转债对应的股票添加为自选，以便于及时接收上市公司的可转债相关公告。

如果可转债触发第一种强制赎回条件，上市公司公告强制赎回，可转债的价格会大概率高于130元，因为股票价格比转股价格高30％时，上市公司可以公告强制赎回，可转债的转股价值就会达到130元（转股价值＝可转债面值100元÷转股价格×股票价格），当转股价值为130元时，可转债价格就会达到130元。如果可转债条款约定股票价格比转股价格高20％时强制赎回，可转债的转股价值就会达到120元。

如果可转债触发第一种强制赎回条件，上市公司公告强制赎回时，可转债的价格低于转股价值130元，由于资本的逐利性，会有更多人买入这只可转债，从而推高可转债的价格，直到可转债价格和转成股票后的市值大致相等，当然可转债价格可能继续上涨。上市公司公告强制赎回时，可转债的转股价值为130元以上时，那么可转债的价格也会大概率高于130元。投资者在可转债面值100元附近或以下买入，触及第一种强制赎回条件后，大概率可以赚30％左右的毛收益。可转债平均2年多强制赎回退市，如果投资者主要买入低于面值的可转债，折合年化收益率可以达到15％左右。投资者如果能保持长期年复合收益率15％以上，就能跻身一流投资者行列了，巴菲特82年投资生涯的年复合收益率也只有20％左右。

如果可转债触发第一种强制赎回条件，上市公司公告强制赎回时，可转债价格高于转股价值130元，可转债投资者会卖出可转债，把价格打压至转股价值130元附近，即使将其转成股票后，一般也是卖出，导致股票价格下跌，直到跌到转股价格跟股票价格不存在溢价为止。

在上市公司宣布强制赎回后，大多数投资者不是真的想转股，会卖出可转债，导致可转债价格下跌，即使转股后大部分还是会卖掉股票，所以股票价格短期也会大概率下跌。而绝大部分可转债最终会转成股票，相当于增发股票，会增加上市公司总股本，摊薄每股收益，原股东持有的股份比例被稀释，部分原股东也可能会抛售股票，有可能造成股票价格下跌。而股票价格下跌又会造成可转债的转股价值下跌，进一步使可转债价格下跌，这就是上市公司发布强制赎回公告后有时出现股票价格和可转债价格同时下跌的原因。当然，也有众多投资者看好公司未来导致股票价格上涨的情况。

如果可转债触发第二种强制赎回条件，就要分情况讨论对投资者是否有利，如果强制赎回时可转债的价格低于可转债到期赎回价（面值100元加利息），强制赎回对可转债持有人就是利好；而如果可转债的价格高于到期赎回价，强制赎回对可转债持有人就是利空。

三、向下修正条款

向下修正条款是保护投资者的。如果上市公司股票价格低迷，无法触发强制赎回条款，上市公司可以下调转股价格，相当于发行人把股权以更低的价格卖给投资者，让投资者愿意将可转债转为股票。这是上市公司的一项权利而不是义务。

假设可转债的转股价格为20元，但是股票价格跌到10元。如果股票价格满足下修条款规定，上市公司把转股价格下修到10元，那么投资者又有转成股票的希望了，如果上市公司股票价格在10元的基础上涨30%达到13元，超过约定天数就会触发强制赎回条款，上市公司公告强制赎回后，投资者可以取得较好的回报。

四、回售条款

可转债回售条款有两种类型。第一种是有条件回售。有条件回售是指可转债持有人可以在特定的条件下，将手中持有的可转债以特定价格卖回给发行人。第二种是附加回售条件。如果上市公司通过可转债募集到的资金用途与公司在募集说明书中承诺的情况相比发生了重大变化，可转债持有人可以将可转债回售给发行人。

上市公司会根据自己的需求制定回售条款。有的上市公司的可转债没有回售条款，比如有些银行类和券商类公司，因为他们需要充实资本金，更想促进投资者转股。有的上市公司的回售条款会限定一个时间段，比如："最后两个计息年度，如果股票价格在任何连续30个交易日的收盘价格低于当期转股价格的70%，投资者可以将持有的可转债按面值100元加上当期应计利息回售给公司。"大多数上市公司发可转债就是为了融资，根本不想还钱，只想让投资者把可转债转成股票成为股东，因此会努力提高股票价格，避免回售的情况发生。

回售条款是保护投资者的，可转债回售利率一般比市场利率稍低，但是高于可转债的票面利率，附有回售条款的可转债通常更受投资者的欢迎。回售是投资者的权利而非义务，上市公司公告回售后，投资者可以选择是否回售。

五、交易策略

可转债有很多套利方式，但是大部分套利方式的确定性很低，投资者最好只参与确定性高、大概率会获利的套利方式，例如投资面值附近或面值以下可转债，等待可转债触及第一种强制赎回条件就可以获取确定性利润。由于可转债价格可能跟随股票价格涨跌，因而一只可转债可能会有多次低价买入高价卖出的套利机会。

可转债投资者要以触及第一种强制赎回条件卖出可转债赚取差价作为主要目标。应特别注意，以下四种可转债不能买入。

第一，信用评级在 A 级以下的可转债不能买入。上市公司发行可转债门槛相对较高，证监会设立了很多条件，审批程序非常严格，达到一定条件才能发行可转债，违约的可能性很低。截至 2022 年，我国已发行的所有可转债中，从未出现上市公司违约的情况。但是过去没有违约不代表未来不会违约，投资者要投资信用评级在 A 级以上的可转债，以规避可转债违约风险。要查看可转债信用评级，可以登录集思录网站，点击实时数据→可转债→评级。但应注意的是，可转债信用评级只是对可转债发行方还款信用的评价级别，不是判别可转债投资价值高低的依据。

第二，剩余规模小于 5000 万元的可转债不能买入。这类可转债可能触及第二种强制赎回条款，被上市公司低息强制赎回，收益可能比较低甚至可能亏损。要查看可转债剩余规模，可以登录集思录网站，点击实时数据→可转债→剩余规模。

第三，已公告强制赎回的可转债不能买入。已公告强制赎回的可转债价格会迅速向转股价值（一般为 130 元，少部分为 120 元）靠拢，投资者卖出可转债或者转成股票后，可转债价格一般会下跌至接近面值 100 元，此时的可转债一般没有投资价值。要查看可转债是否公告强制赎回，可以登录集思录网站，点击实时数据→可转债→强赎状态。

第四，高于110元的可转债不能买入。当可转债的价格高于110元，价格越高，风险越大。可转债到期后会以面值100元加计利息支付给可转债持有人。低于110元买入可转债，即使没有高额回报的机会，也能保证本金安全，保住本金是巴菲特投资的第一原则。

只要可转债信用评级在A级以上，可转债价格低迷时是投资的好机会。如果可转债价格远低于面值100元，即使剩余规模小于5000万元，或已公告强制赎回，但由于可转债最终可以获得面值100元加利息的收入，这类可转债的盈利是确定的。相对于面值100元折价越多，可转债的到期收益越高。

从可转债退市的统计数据看，90%以上的可转债触发第一种强制赎回条件转成股票退市，一般不超过3年，最高价格达到130元的超过95%。但是短期来看，具体哪些可转债最终会转成股票退市是无法预测的，投资者只能根据自身的资金情况，从价格最低的可转债开始，买入一部分或全部符合条件的可转债，可转债触发第一种强制赎回条件时就可以卖出。

90%以上的可转债都会公告强制赎回，促使投资者转成股票或卖掉可转债，剩下的不到10%的可转债就成为低息债券，投资者只能得到很低的利息收益。投资者如何尽量使自己持有的可转债都能触发第一种强制赎回条件呢？根据大数定律，如果统计的数据量足够大，那么事物出现的概率就能无限接近它的概率期望值。如果投资者只持有10只可转债，就不能保证其中有9只会被强制赎回，极端情况下这10只可转债都只能按低息债券赚取利息。因此，投资者要尽可能多地持有符合条件的可转债，以确保90%以上的可转债被强制赎回。除了个别价格严重被低估、信用评级在A级以上的可转债适合大比例集中投资外，可转债套利主要采用分散投资的方式。

一般来说，可转债价格越低，风险越低，潜在收益越高，投资者投入的资金可以越多；同等价位的可转债，投资者一般把资金平均分摊购买。投资者可以把可转债投资资金分成100份，另外把可转债按价格分为 4 个买入区间：一、80 元以下的可转债每只买 8 份；二、80 元～90 元的可转债每只买 4 份；三、90 元～100 元的可转债每只买 2 份；四、100 元～110 元的可转债每只买 1 份。

投资者从价格最低的可转债开始买入，买入后为每只可转债设置定价买入条件单，当可转债价格下跌到下一个价格区间时自动买入，把持仓翻一倍。应注意，增加可转债持仓的前提是可转债的信用评级维持在 A 级以上。比如投资者在 99 元时买入 2 份某可转债，可以设置定价买入条件单，规定当这只可转债下跌到 89 元时自动买入 2 份，成交后将合计持有 4 份。如果可转债价格上涨到上一个价格区间，也不必减持，因为投资者的目标是等触发第一种强制赎回条件，公告强制赎回时卖出。

投资者买入可转债要注意数量单位，有些可转债的买入单位是张，有些买入单位是手（1 手等于 10 张），特别是设定长期有效价格条件买单的时候，如果没注意数量单位，可能因为过多买入某只可转债，从而导致没有资金买其他可转债。由于可转债价格存在波动，投资者可以每星期关注一下符合买入条件的可转债，同时要卖出不符合条件的可转债，比如信用评级降到 A 级以下的可转债。

根据大量已退市的可转债数据，大部分可转债在最终强制赎回退市之前都会达到 140 元以上，当然还有继续上涨的情况存在，但是投资者基本上不可能把可转债卖在价格最高点。另外，实际交易时，一些可转债上涨很快，可能几分钟内就结束涨跌过程，如果投资者持有几十只可转债，根本无法了解每只可转债的价格变动，因此来不及卖出，可以一次性对所有可转债设定 140 元卖出的长期有效价格条件卖单。并不是所有达到第一种强制赎回条件的可转债价格都会达到 140 元，投资者即使设定了长期有效价格条件卖单，每星期还是要全面查看自己持有的可转债。可转债存续期理论上是 5～6 年，如果上市公司的股票价格快速上涨，就会触发强制赎回条款，上市公司公告强制赎回 2～4 周后可转债就退市了，因此投资者要经常关注是否有可转债公告强制赎回，公告强制赎回后，应马上卖出可转债，不然可转债价格会下跌。投资者要查看可转债对应公司的强制赎回条款约定的股票价格比转股价格高多少，如果是30%，可转债价格接近130元就可以卖了；如果是20%，可转债价格接近120元就可以卖了。不要犹豫，卖出后即使再涨也跟自己没关系，因为130元以上（小部分120元）的可转债已缺乏安全边际，不符合继续持有的条件。

第九章
主要财务指标

第一节　净资产收益率
第二节　毛利率
第三节　负债
第四节　现金
第五节　市盈率

CHAPTER 9

◇第一节　净资产收益率

一、净资产收益率概述

净资产收益率（Return on Equity，ROE）是公司净利润除以净资产得到的百分比，净资产收益率＝净利润/净资产×100％＝每股收益/每股净资产×100％。一家公司的净资产收益率越高，说明股东投资产生的收益越高。净资产收益率是综合性指标，可以在不同行业的公司之间比较净资产收益率，用于判断一家公司为股东创造回报的能力。净资产收益率是财务分析的基础指标，投资者可以净资产收益率为基础，结合其他指标综合分析一家公司的盈利状况，比如毛利率、现金流量、资产负债率等。

巴菲特在 1977 年致股东信中说："除非是特殊情况，比如负债比例特别高的公司或者是公司持有重大资产需要重新评估，我们认为衡量公司经营管理表现最适合的指标是净资产收益率。1977 年，我们公司的净资产收益率约为 19％，这与去年相比要稍微好一些，但是这远远高于当年美国公司的平均水平。"

巴菲特在 1979 年致股东信中说："我们判断一家公司经营业绩好坏的主要依据是这家公司的净资产收益率（排除不当的财务杠杆和会计做账），而不是每股收益是否增加。我们认为，如果公司管理层和证券分析师将关注重点放在净资产收益率上，而不是放在每股收益及其年度变化上的话，公司股东以及社会公众就能更好地理解公司的经营情况。"有些投资者用每股收益的变化来评价公司的经营业绩，但是由于股票分拆增发等原因会导致股票数量发生变化，所以每股收益的变化不一定能真实反映公司经营业绩的变化。

净资产收益率表明股东投资所获得的投资回报，数值越大越好。对公司价值创造能力最基本的检验标准是使股本投资获得何种水平的净资产收益率，持续多年的高水平净资产收益率会使公司股东权益高速增长，也会使公司价值稳定增长。当一家公司的净资产收益率较高时，表明这家公司能高效运用股东资产，就会有更多投资者买入这家公司的股票，从而推动股票价格持续上涨。

举例来说，A 公司每股收益 10 元，每股净资产是 100 元；B 公司每股收益 1 元，每股净资产是 2 元。A 公司的净资产收益率只有 10%，B 公司的净资产收益率却是 50%。A 公司每投入 100 元只赚到 10 元的净利润，B 公司每投入 100 元却能赚到 50 元的净利润，B 公司的赢利能力要远远高于 A 公司。巴菲特说："我宁愿要一家资本规模只有 1000 万美元，而净资产收益率为 15%的小公司；也不愿意要一家资本规模高达 1 亿美元，而净资产收益率只有 5%的大公司。"

芒格说："从长期来看，投资股票的回报率与公司发展密切相关，如果一家公司 40 年来的净资产收益率一直都是 6%，即使投资者当初的买入价格比较低，那 40 年后这家公司的年均净资产收益率也差不多是 6%；如果一家公司在过去 20～30 年的净资产收益率都是 18%，即使投资者当初的买入价格比较高，这家公司的回报依然会让投资者满意。"

巴菲特在 1987 年致股东信中说："《财富》杂志在其 1988 年投资指南中指出，在美国 500 家最大的制造业公司和 500 家最大的服务业公司组成的 1000 家大公司中，只有 6 家公司过去 10 年净资产收益率平均水平超过 30%。在 1000 家公司中表现最好的是商业票据交换所，净资产收益率高达 40.2%。1000 家大公司中只有 25 家能够达到经营业绩优异的双重标准：1977—1986 年这 10 年间平均净资产收益率超过 20%，而且没有一年低于 15%；1977—1986 年这 10 年间 25 家公司中的 24 家公司的投资回报都跑赢了标准普尔 500 指数。"

投资者分析一家公司的净资产收益率时，要注意这家公司净利润的真实性，因为净利润可能因公司利润调整甚至是造假而失真，另外要查看经营活动现金流量净额，如果这一数值远低于净利润，说明净利润没有转化为足额现金流入。投资者还要注意公司是不是通过高息负债提高净资产收益率，过高利息的负债会提高公司的财务风险。

二、净资产收益率分解

净资产收益率＝净利润/净资产＝(净利润/营业收入)×(营业收入/总资产)×(总资产/净资产)＝营业净利润率×总资产周转率×权益乘数。如果一家公司某一年度的净资产收益率相对其他年度大幅提高或者降低，可以用这三个指标结合财务报表判断发生大幅波动的具体原因，这种分析方法最早由美国杜邦公司使用，所以称为杜邦分析法。杜邦分析法是将公司的净资产收益率分解为多项财务比率的乘积，这样有助于深入分析公司的经营业绩。

（一）营业净利润率

营业净利润率反映一家公司销售商品或提供服务的盈利能力，营业净利润率＝净利润/营业收入，一家公司的营业净利润率越高，净资产收益率越高。一家公司的收入不变的情况下，成本越低，营业净利润率越高，净资产收益率越高。一般来说，一家公司如果持续多年营业净利润率高，表明其具有持续差异化竞争优势，这家公司的产品或服务具有较强的市场竞争力和成本控制能力，比如贵州茅台公司、苹果公司等。

（二）总资产周转率

总资产周转率代表运用公司资产的效率，总资产周转率＝营业收入/总资产。营业收入越高，总资产周转率越大，净资产收益率就越高。一家公司具有较高的总资产周转率表明这家公司实行低成本领先战略，大多数体现为薄利多销。很多消费品批发零售公司主要是通过较高的总资产周转率来提高净资产收益率，实现公司的快速增长，比如永辉超市、沃尔玛超市、小米集团等。

（三）权益乘数

权益乘数表明一家公司的负债程度，权益乘数＝总资产/净资产＝(净资产＋负债)/净资产。负债越多，权益乘数越大，净资产收益率越高。银行、保险以及房地产开发等行业主要靠高负债率来提高净资产收益率。一家公司适当增加负债可以提高净资产收益率，但是过高的负债水平则会增加大量利息支出，提高财务风险。

可口可乐公司2017年净资产收益率大幅下降原因分析

有些具有持续竞争优势的公司可能个别年份净资产收益率比较低，只要导致净资产收益率下降的因素能得到修正，这家公司今后仍然会有较高的净资产收益率，只要股价合理，仍然值得投资。

可口可乐公司2016—2021年的净资产收益率如下表所示，其中5年的净资产收益率介于26%～50%之间，但是2017年的净资产收益率只有6.22%。

表9-1　可口可乐公司2016—2021年净资产收益率　　单位：%

报表日期	2021—12—31	2020—12—31	2019—12—31	2018—12—31	2017—12—31	2016—12—31
净资产收益率	46.20	40.48	49.61	37.79	6.22	26.85

我们把可口可乐公司2017年的净资产收益率分解开来看，总资产周转率和权益乘数相对其他年份没有明显变动，但是营业净利润率只有3.54%，远低于其他年份。再进一步分析发现，影响净利润率变动的最大因素是2017年缴纳了56.07亿美元的所得税，这一金额是2016年、2018年所得税的3倍以上。2017年纳税激增的根本原因在于美国政府在2017年实施了新税制，联邦公司税从2018年开始从原来的35%下调至21%，但是为了阻止美国资本外流，增加美国本土的投资吸引力，对美国公司海外投资的税率提高了，新税制法案又要求公司支付一项一次性的过渡税，这项过渡税是针对可口可乐公司控制的海外公司过去8年的累计盈利征收的。2017年，可口可乐公司因为该法案多缴纳了53.5亿美元的税收，这个税收是一次性的，后续年份不再征收，不会影响可口可乐公司的核心竞争优势，也不会影响其后续年份的净资产收益率。

投资者要结合公司竞争优势进行分析，对于具有持续竞争优势的公司，如果个别年份的净资产收益率比较低，要分析是什么原因造成的，如果仅是对个别年份产生影响，并不会影响这家公司未来持续获利的能力，那就可以继续投资。

三、优先选择高净资产收益率公司

投资者投资一家公司是投资这家公司的未来，要寻找未来多年能持续创造较高净资产收益率的公司，而具有持续竞争优势的公司才能保持较高的净资产收益率。一家公司过去多年的净资产收益率高，只要基本面没有变化，未来出现较高净资产收益率的概率也会比较高。如果一家公司过去10年的净资产收益率都大于20%，这家公司未来年份的净资产收益率维持在20%以上的概率就会比较高。巴菲特也会买入过去多年净资产收益率比较低的公司，但那是因为他经过仔细分析，判断这家公司未来几年能产生较高的净资产收益率，这种操作的难度较高，投资者如果没有十足的把握，不要买入这种公司。值得投资的目标公司过去多年的净资产收益率最好保持相对稳定或者呈现上升趋势，如果一家公司的净资产收益率连续多年呈现下降趋势，表明这家公司为股东创造回报的能力持续下降。

投资者一般可以选择具有7年以上公开财务数据的上市公司，很多上市不久的公司只有4～5年的公开财务数据，比较难以判断是否具有稳定优秀的经营历史。一般来说，净资产收益率连续多年处于10%～15%之间的为一般公司；净资产收益率连续多年处于15%～20%之间的为优秀公司；净资产收益率连续多年处于20%以上的为杰出公司。当然，有些公司的净资产收益率高，但是有可能在其他方面存在缺点，比如负债率过高、利息支出较大、经营活动现金流紧张等。而平庸公司或者盈利能力差的公司净资产收益率长期必然较低。

投资者可以优先选择过去7～10年平均净资产收益率大于20%的公司，分为4种情况。第一种，公司过去7～10年每年净资产收益率都大于20%，这类公司最稳定；第二种，公司过去7～10年的平均净资产收益率大于20%，且没有一年低于15%，这类公司比较稳定；第三种，公司过去7～10年的平均净资产收益率大于20%，而且大部分年份的净资产收益率都大于15%，只有一两年的净资产收益率位于10%～15%，这类公司相对稳定。第四种，公司过去7～10年的平均净资产收益率大于20%，而且大部分年份的净资产收益率都大于15%，只有一两年的净资产收益率非常低甚至是负数，如果导致该结果的因素没有损害这家公司的核心竞争优势，这家公司仍然值得投资。符合以上4种情况的公司，未来净资产收益率持续稳定的概率也会比较高，投资者可以将这些公司列入备选名单，再结合基本面分析优中选优。

◇第二节　毛利率

毛利率是毛利与营业收入的百分比，毛利率＝毛利/营业收入×100％＝(营业收入－营业成本)/营业收入×100％。不同行业之间的毛利率水平相差很大，要在同一个行业内对比不同公司的毛利率。比如生物制药、高端白酒、化妆品行业的毛利率相对较高，因为这些行业的生产成本很低，但是销售价格却可以定得比较高；而加工制造、贸易、零售行业的毛利率则相对偏低。

如果一家公司具有持续竞争优势，其毛利率会连续多年高于同行业其他公司，差距越大，说明竞争优势越突出。具有持续竞争优势的公司可以对其产品或服务提高定价，从而获得较高的毛利率。如果一家公司缺乏持续竞争优势，只能通过降低产品售价来维持销售，其毛利率就会远低于同行业的龙头公司。

如果一家公司比同行业其他公司有更强的竞争优势，这家公司在产业链上将表现得更为强势，会占用更多上游供应商的资金，而且不会被下游客户占用过多资金，毛利率会明显高于其他公司。对一家高毛利率的公司来说，在正常的市场条件下，同等销售额可以赚取更多利润，如果市场形势恶化，产品销售减少，也可以降价促销。很多缺乏持续竞争优势的公司的毛利率都很低，如果竞争对手采取降价策略，公司也必须跟着降价才能保持市场份额，这样导致毛利率就更低了。

投资者要查看一家公司过去7年以上的毛利率，这家公司的毛利率要连续多年保持相对稳定或者呈现上升趋势，说明这家公司的竞争优势持续提高。如果一家公司过去几年的毛利率大起大落，说明这家公司的经营情况不稳定。具有持续竞争优势公司如果暂时陷入困境，毛利率可能很低，这时如果股票价格较低，可能具有较好的投资价值。如果一家公司的毛利率在过去几年呈现连续下降趋势，而且与同行业其他公司的毛利率相比没有明显的优势，说明这家公司的竞争优势正在逐步下降甚至已经消失，投资者不能投资，如果持有相关股票则应该卖出。

◇第三节　负债

资产负债率是判断一家公司负债情况的关键指标，各行业的资产负债率不同，例如房地产开发、银行、保险等行业的资产负债率普遍较高。投资者观察一家公司的资产负债率的时候，可以比较这家公司不同时期的资产负债率，或者与同行业其他公司的资产负债率进行比较。

一家公司的负债包括无息负债和有息负债。无息负债包括应付账款、应付票据、预收款和合同负债等，无息负债能够反映一家公司在产业链中的竞争优势，竞争优势更大的公司可以占用更多供应商货款，或者向客户收取更大比例的预收款。如果一个行业的大多数公司都是先发货后收款，而其中一家公司可以先收款后发货，说明这家公司的产品或者服务具有较强的竞争力，市场需求较大。投资者应该重点关注一家公司的有息负债比例，一家公司如果每年都能赚取大量现金就不需要借钱，因而有息负债就会比较少。有些公司的资产负债率看似很高，但是剔除无息负债后，有息负债占总资产的比率很低，说明这家公司有较强的竞争优势。

巴菲特在1987年致股东信中说："这些《财富》杂志上的明星公司的两个特点可能会让你大吃一惊：第一，这些公司只使用相对于其利息支付能力来说很少的负债（真正的好公司通常不需要借钱）；第二，除了一家公司是高科技公司和其他几家是制药公司之外，绝大多数公司的业务都非常普通，这些公司中的大多数出售的产品还是与10年前基本上完全相同（不过现在销售额更大或者价格更高，或者两者都有）。"

巴菲特始终坚持安全边际，维持低负债经营。他在 1989 年致股东信中说："伯克希尔公司一贯保守的财务政策可能是一个错误，因为只要稍微增加一点负债比率，能得到的投资回报率就可能远远超过目前的年平均 23.8%。不过在我看来，虽然提高负债比率有 99%的把握能提高投资回报率，但是只要有 1%的可能导致破产，我也不愿意去冒这个险，我们一直以来的经营也是如此。"

巴菲特在 1990 年致股东信中说："有些人认为多增加的债务会给公司经理人增加压力，促使其更专注于经营，这就像一位司机正在驾驶一辆轮胎上插着刀子的车，我们都相信他一定会非常小心地开车。但是有一个问题我们无法忽视，那就是这样的车子本身危险性就很大，即使驾驶员的驾驶技术非常出色，但车子一旦遇到坑洞就容易造成致命的后果。而在一家公司行进的商业大道上，到处都是坑洞，想要驾驶这样危险的车顺利前行是一件非常困难的事情。在格雷厄姆所著的《聪明的投资者》最后一章，他很强烈地驳斥了这种理论。格雷厄姆说：如果要将正确投资浓缩成几个单词，那就是安全边际。我读过这句话已经 42 年了，到目前为止我仍然认为基于安全边际的投资策略非常正确。投资者忽视了这个非常简单的投资原则，就会导致他们遭受重大损失。"

巴菲特在 2010 年致股东信中说："毫无疑问，有些人通过借钱投资赚取了大笔财富，但是这种做法同样可能导致倾家荡产。当你通过财务杠杆赚取大笔利润，收益就会成倍放大，你的配偶觉得你很聪明，你的邻居也非常羡慕你，但是这种做法会使人上瘾，一旦你从中获得收益，就很难回到小心谨慎的行事方式上去（固有的潜意识难以改变）。而我们在 3 年级都学过（有些人在 2008 年金融危机中又学了一遍），不管多大的数字乘以零都等于零。历史表明，无论操作的人多么聪明，过高的财务杠杆都很可能带来零。对公司来说，过高的财务杠杆也可能导致公司破产倒闭。许多负债累累的公司认为债务到期时可以靠继续融资解决，这种假定通常是对的。但是，如果公司本身或者全球信用出现危机，到期债务就必须如约偿还，到时只有现金才是最可靠的。"

◇第四节　现金

现金广义上包括货币现金和现金等价物，现金等价物是公司持有的期限较短、流动性较强、易于转变为现金的资产，比如短期政府债券，可视为现金。

现金流是公司在一个会计期间按照现金收付实现制，通过经营活动、投资活动、筹资活动和非经常性项目产生的现金流入和流出的数量，投资者应主要关注经营活动产生的现金流量净额。大多数公司采用赊销制，交付货物后就可以确认销售收入，但是货款实际尚未支付，如果买方长期不支付货款形成坏账，基于销售收入计算的净利润就无法反映实际情况，投资者如果只看净利润数据就会产生误判。如果一家公司过去几年的经营活动现金流量净额之和明显低于过去几年的净利润之和，可能是因为销售回款不良。

经营活动现金流量净额可以弥补净利润在反映公司收益能力方面的不足。损益表上的净利润是以权责发生制、配比原则确认的，公司管理层可能通过虚假销售、提前确认收入等手段调节利润，但是公司管理层操纵或编造账面利润后，一般没有相应的现金流入，而经营活动现金流量净额是根据收付实现制确定的，只有收到现金或支出现金才会入账。

有些公司在账面上显示出高额利润，却因缺乏现金还不起一笔相对其规模来说很小的债务，甚至陷入破产重整的困境。例如国内某家产业新城开发公司，连续多年都显示利润较高，但是经营活动现金流量净额连续多年显示为负。这家公司要先垫付产业园区的投资建设费用，由于产业园区开发周期长、园区回款拖欠等问题，导致其利润大部分体现为应收款，即使应收款收回来，还要投入到新的园区建设中，同时要借大量外债来弥补建设和运营资金缺口，资产负债率连续多年维持在80%以上，最终导致资金链断裂。

芒格说："世界上有两种生意，第一种生意每年可以赚12%的收益，到年底股东可以全部拿走所有利润；第二种生意每年也可以赚12%，但是你不得不把赚来的钱重新投资，然后指着所有的厂房设备对股东们说：'这就是你们的利润'，我恨第二种生意。"

如果一家公司连续多年经营活动现金流量净额为负，表明这家公司正遭受重大现金危机，可能导致资金链断裂。但如果这家公司仍然具有持续竞争优势，即使一两个年份经营活动现金流量净额为负，而且短期的问题能够得到解决，那么公司股票价格的下跌，反而可能是好的投资机会。

伯克希尔公司是全球最大的保险集团之一，旗下有多家保险公司。保险公司一般经营比较稳健，可以产生充沛的现金流，保险客户支付保费后，要过一段时间才需要理赔，这就产生了规模巨大的保险浮存金，保险公司可以把这些浮存金用于投资，产生收益。巴菲特具有傲视群雄的投资能力，巨额的保险浮存金对于他来说简直如虎添翼，获取保险浮存金是巴菲特投资控股保险公司的重要原因。

伯克希尔公司通常保有巨额现金，这是由于旗下的公司大都能产生大量现金，通过给股东分红等方式流入伯克希尔公司。另一方面，这与巴菲特的安全习惯有关，他总会保持一定比例的现金流，以应对突发事件，或者在大好投资机会出现时可以有足够资金大笔买入。巴菲特在2021年致股东信中说："伯克希尔公司的资产负债表包括1440亿美元的现金和现金等价物，其中1200亿美元是美国国债，全部在一年之内到期，这使伯克希尔公司为大约0.5%的公众持有的美国国债提供资金。查理和我承诺伯克希尔公司将始终持有超过300亿美元的现金和现金等价物。我们希望伯克希尔公司在财务上坚不可摧，永远不要依赖陌生人甚至是朋友的善意。查理和我都喜欢晚上能安心睡觉，我们也希望我们的债权人、保险索赔人和投资人晚上也能安心睡觉。"

◇第五节　市盈率

一、动态市盈率

市盈率（Price to Earnings Ratio，简称 PE）是股票价格与每股收益的比率，包括静态市盈率、滚动市盈率和动态市盈率。投资者购买一家公司的股票主要是购买这家公司的未来，要以动态市盈率作为主要参考指标。动态市盈率＝股票价格/今年每股净利润的预测值＝股票价格×总股本/今年每股净利润的预测值×总股本＝股票当前总市值/今年净利润预测值。

市盈率代表了投资收回成本所需要的时间。举例来说，投资者投资 10 元买 1 股股票，股票每年的每股净利润是 1 元，市盈率是 10 倍，投资者需要 10 年才能用净利润收回投资成本。如果市盈率是 20 倍，就意味着投资者需要 20 年才能用净利润收回投资成本。市盈率越低，意味着投资者通过净利润收回投资成本需要的时间越短，因此投资者应该优先选择市盈率低的股票。格雷厄姆在《证券分析》一书中说："如果投资者习惯购买价格超过其平均盈利 20 倍的普通股，则很可能在长期投资中遭受巨大损失。"

投资者仅通过市盈率难以判断一家公司的股价是被高估还是低估，将目标公司市盈率对比行业平均市盈率、可比公司市盈率、目标公司自身历史市盈率都是不可靠的。股票行情软件一般都会提供动态市盈率数据，由于这些数据是预测值，有可能预测错误，投资者参考这些数据后，可以通过较低的买入价格预留充足的安全边际。

未来确定性越高的公司，合理动态市盈率越高，但即使面对的是一家未来确定性很高的公司，投资者基于安全边际原则，最好还是以相对较低的动态市盈率买入。彼得·林奇说："千万不要买入市盈率特别高的股票。投资者只要坚决不购买市盈率特别高的股票，就可以避免巨大的痛苦与巨大的投资亏损。除了极少数例外情况，特别高的市盈率是股票价格上涨的障碍，正如特别重的马鞍是赛马奔跑的负担一样。”

一般来说，一家公司的未来前景越好，就会有越多投资者买入这家公司的股票，从而推高股票价格，动态市盈率也会越高。但是，较高的动态市盈率也可能预示公司股票价格过高，后期股票价格将会大概率下跌。动态市盈率 30 倍以上的股票价格下跌概率远大于上涨概率，过高的市盈率通常不可持续，当然也有人投资 30 倍以上动态市盈率的股票最终赚了钱，但这是概率大小的问题，即使投资低动态市盈率股票也会有亏损的时候。投资者投资 30 倍以上动态市盈率的股票最终的盈利概率低，投资低动态市盈率的股票最终盈利概率高。巴菲特始终强调投资的确定性，就是要投资盈利概率远大于亏损概率的项目，购买低动态市盈率股票符合巴菲特的安全边际原则。

二、市盈率相对净利润增长比率

市盈率相对净利润增长比率（Price/Earnings to Growth Ratio，PEG）＝动态市盈率/(未来 3 年净利润复合增长率×100％)。PEG 的分子与分母都是对未来收益增长的预测，预测出错的可能性较大。巴菲特提出优先选择经营历史卓越稳定的公司，对预测 PEG 也有实际意义。对于连续多年经营业绩比较稳定的公司，预测 PEG 会相对准确一些；对于过往多年业绩大起大落的公司，预测 PEG 可能会严重偏离实际结果，失去参考价值。即使是专业的证券分析师，在预测不稳定的公司的未来收益时也常常错误百出。PEG 只适用于业绩稳定并且未来 3 年净利润复合增长率在 20％以上的公司。

如果 PEG＝1，表示股票价格恰好反映公司价值，但这种情况比较少见。如果 PEG＞1，表示股票价格偏高，长期来看，股票价格下跌的概率大于上涨的概率。如果 PEG＜1，表示股票价格偏低，长期来看，股票价格上涨的概率大于下跌的概率。在一家公司的基本面健康稳定的情况下，如果 PEG＜0.7，表示股票价格较低，投资者可以买入。如果

PEG＜0.5，表示公司价值可能被严重低估，股票价格过低，这只股票长期上涨的概率很高，是非常好的买入时机。

基于安全边际原则，30倍动态市盈率应为投资上限。长期来看，公司净利润年复合增长率连续3年要高于30%非常困难，对于一些大型公司来说更是难以达到，因为当公司规模超过一定程度时，净利润增长速度会开始下降。另外由于资本的逐利性，一家公司利润过高，必然引起竞争对手争抢市场份额，从而导致净利润增长率降低。从安全边际的角度考虑，投资者对所有公司未来3年的净利润复合增长预期极限都低于30%，PEG＝1时，股票价格反映公司价值，因而30%的未来3年收益复合增长率对应的动态市盈率是30倍，30倍动态市盈率是投资者买入股票的安全极限。

第十章
公司估值

第一节　现金流贴现估值法

第二节　预测现金流应遵循的原则

第三节　自由现金流

第四节　贴现率

第五节　简化自由现金流贴现估值法

巴菲特在1996年致股东信中建议投资者好好学习的两门课程中，如何看待市场价格已经在第四章“投资环境”中论述过，本章将重点探讨如何评估公司价值。

◇第一节　现金流贴现估值法

评估公司价值是投资者从事股票价值投资的核心。购买一家具备持续竞争优势的公司的股票并不一定能够获利，而是应该对这家公司的价值进行评估，然后再与股票价格进行比较，在股票价格大大低于公司价值时买入，在股票价格大大高于公司价值时卖出。巴菲特在1989年致股东信中说：“真正重要的还是内在价值，这个数字代表我们公司旗下所有公司的合理价值。投资者通过准确的预测，内在价值是将预计的公司未来的现金流量（含流入与流出）以现行的利率进行贴现而得出，不论是马鞭制造商还是移动电话公司，都应该在这个相同的计算基础上对其经济价值进行评估。”

关于内在价值评估，巴菲特推荐采用美国经济学家约翰·伯尔·威廉姆斯提出的现金流贴现估值法。巴菲特在1992年致股东信中说：“约翰·伯尔·威廉姆斯在50年前的《投资价值理论》中提出了价值计算的数学公式，我们将其总结为：今天任何股票、债券或企业的价值，取决于在该资产的整个剩余生命期间预期能够产生的现金的流入和流出，以一个适当的利率加以贴现后所得到的数值。这个公式对股票和债券来说都适用，但是股票和债券之间有一个非常重要的也是很大的差别：债券有明确的利息和到期日，从而可以确定未来现金流，而对于股票来说，投资者必须自己估计未来的‘利息’。另外，公司管理层的能力和水平对于债券利息的影响很小，除非公司管理层经营能力很差或者缺乏诚信，从而导致暂停支付债券利息的时候才有影响。与债券不同的是，公司管理层的能力对股票的‘利息’有巨大的影响。”

内在价值是一个非常重要的概念，它为评估投资决策和公司的相对吸引力提供了唯一的参考标准。价值评估的最大困难是内在价值取决于公司未来的长期现金流，预测时间越长，就越难准确预测现金流。巴菲特在1998年致股东信中说：“我们将内在价值定义为一家公司在其剩余时间所能产生现金流量的贴现值。任何人在计算内在价值时都会依赖自己的主观判断，而这个主观判断又会由于未来预估现金流量与市场利率的变动而变动。尽管计算这一数据时做不到十分精确，但它却是一个非常重要的指标，也是评估某项业务或投资是否具有吸引力的唯一合理方法。”

巴菲特在2000年致股东信中说：“现金流贴现估值适用于评估农场、油田、债券、股票、彩票以及工厂等的投资，不论蒸汽机的发明、汽车的发明，还是电力的开发利用，都没有改变这个评估方式，即使互联网的出现也没有改变这个评估方式。投资者只要输入正确的数字，就可以对世界上任何一种资产的价值进行评估。一般的评估标准，诸如股利收益率、市盈率或成长率都与价值评估毫不相关，除非这些数据能够在一定程度上提供一家公司未来现金流入流出的线索。如果一个项目前期的现金投入超过了未来该项目建成后产生的现金流贴现值，这不是创造价值，而是摧毁价值。”

◇第二节　预测现金流应遵循的原则

一家公司的未来收益受到多种因素影响，充满各种不确定性，为了准确预测公司未来现金流，降低投资风险，投资者最好选择经营历史稳定优秀的公司，这类公司未来业务长期稳定的概率也会比较高，投资者预测未来现金流时会相对准确。

投资者要遵循能力圈原则，才能尽可能准确地估计未来现金流。巴菲特在1992年致股东信中说："尽管用来评估公司价值的公式并不复杂，但是，即使是经验丰富而且智慧过人的证券分析师在估计未来现金流时也很容易出错。在伯克希尔公司，我们采用两种方法来解决这个问题：第一，我们努力固守于我们相信我们可以了解的公司。我们所投资的公司的业务通常具有相对简单且稳定的特点，如果一家公司很复杂而且行业环境不断变化，那么我们就没有足够的聪明才智去预测其未来的现金流，但是这个缺点不会让我们感到任何困扰。对于大多数投资者来说，重要的不是到底知道什么，而是要真正明白自己到底不知道什么。投资者只要能够尽量避免犯重大的错误，把关键的几件事情做正确，就可以保证盈利了。第二，也是同等重要的，我们强调在我们的买入价格上留有充足的安全边际。如果我们计算出的公司价值仅仅略高于股票价格，那么我们不会买入股票，我们相信本杰明·格雷厄姆十分强调的安全边际原则是投资成功的关键因素。"

投资者预测公司未来现金流时要坚持保守原则和安全边际原则，否则估算出来的价值可能会严重偏离实际情况。巴菲特在2000年致股东信中说："在伯克希尔公司，我们从来没有试图要从一堆不成气候的公司中挑出几个幸运的胜出者。我们根本没有聪明到这种程度，我们对此很有自知之明。与此相反，我们试着运用具有2600年悠久历史的伊索寓言里的公式（二鸟在林不如一鸟在手）来检查我们的潜在投资机会，就好比我们有合理信心确定有多少只小鸟在树林中以及这些小鸟何时会出现（或许以后我的孙子会把它改为5个电话簿上的女孩不如一个敞篷车上的女孩）。显然，我们永远不可能精准地预测一家公司现金流入与流出的确切时间及精确数量，所以我们试着进行保守预测，同时将注意力集中于那些经营中即使发生意外事件也不太可能会给股东带来灾难性恐慌的行业中。即使如此，我们还是常常犯错，大家可能还记得我本人就曾经自称是相当熟悉集邮、纺织、制鞋以及二流百货公司等行业的家伙。"

投资者预测未来现金流前要充分了解相关公司和行业，了解程度越高，就能越准确评估公司价值。巴菲特说："无论谁都可能告诉你，他们能够评估公司的价值，那些自称能够估算价值的人对他们自己的能力有过于膨胀的想法，原因是估值并不是一件那么容易的事。但是，如果你把自己的时间集中在某些行业上，你将会学到许多关于这些行业的估值方法。”

投资者估计公司价值之前要先阅读公司年度报告，这是进行公司价值评估的基础，从中可以挖掘出许多有用的信息。巴菲特在1986年致股东信中说：“会计数据当然是公司的语言，而且为任何评估公司价值并跟踪其发展的人提供了巨大的帮助，没有这些数字，查理和我就会迷失方向。对我们来说，会计数据永远是对我们自己的公司和其他人的公司进行评估的出发点，但是，公司管理人员和公司股东必须记住，会计数据仅仅有助于经营思考，而永远不能代替经营思考。”

巴菲特在1996年伯克希尔公司股东大会上说：“内在价值不是依靠简单的公式就可以计算出来，投资者必须充分了解公司。我们中的很多人也许能够熟练背诵估值公式，也能把其中的道理讲得非常清楚，但是，这些人是否真的懂公司，可能就是另一个问题了。比起那些名校毕业的工商管理硕士，我更喜欢具有多年经验的老家伙们。”

◇第三节　自由现金流

一、所有者收益

巴菲特认为所有者收益才是计算现金流的正确方法，与根据会计准则计算的现金流相比，所有者收益的不同点在于包括公司为维持长期竞争地位而花费的资本性支出。所有者收益＝净利润＋折旧＋折耗＋摊销－资本性支出。巴菲特说：“问题的关键在于经营活动现金流从未将设备投资考虑在内，对于随时都有可能要增加设备投资才能维持运营的公司，如果将设备投资的资本性支出剔除在外，那么根据会计准则计算的现金流将很可能造成高估未来收益的错误。投资者如果只凭经营活动现金流来分析，目标公司本身的价值也往往会被高估。”

巴菲特在1986年致股东信中说："所有者收益包括报告收益加上折旧费用、损耗费用、摊销费用和某些其他非现金费用，减去公司为维护其长期竞争地位和单位产量而用于厂房和设备的年平均资本性支出。由于一家公司未来为了维护持续竞争优势地位的年平均资本性支出必定是一个估计值，而且还是一种极难做出的估计，计算所有者收益相对于传统的现金流计算方法来说确实更加麻烦，计算得出的数据也不见得有多精确。但是，不论是对于购买部分股票的投资者，还是对于收购整个公司的企业家，所有者收益数值是比现金流数值更接近真实状况的估值。我完全同意凯恩斯的观点：模糊的正确好于精确的错误。"

巴菲特在1986年致股东信中说："大多数公司经理人不得不承认，在更长的时期中，仅仅是为了保持公司目前的单位产量和竞争地位，就必须在经营中投入比非现金费用更多的资金。如果存在这种增加投入的必要性，也就是说如果年平均资本性支出超过非现金费用，那么根据会计准则计算的现金流就会大于所有者收益。"

巴菲特在1986年致股东信中还说："针对某些房地产公司或其他公司这类最初投入巨大而后期投入很小的公司进行估价时，现金流的确可以作为一种反映收益能力的便捷方法，比如一家公司的唯一持股是一座收费桥梁或者是有长期产出的天然气田。但是，根据会计准则计算的现金流对于制造业、零售业、采掘业和公用事业等行业中的公司来说却毫无意义，因为这一类公司的年均资本性支出金额巨大，如果不能持续增加设备、厂房等资本性支出，这些公司很有可能会在不久的将来失去竞争力。"

二、自由现金流

自由现金流是在不影响公司持续发展的前提下，可供分配给公司资本供应者（股东和债权人）的最大现金。自由现金流＝息税前利润＋折旧＋摊销－税收－资本性支出＋净营运资本变动。计算自由现金流时要注意几点：一、折旧和摊销在计算利润时进行了扣除，但由于它们不需要支付现金，所以在计算自由现金流时要加回折旧和摊销。二、息税前利润包含偶然一次性的利润，比如出售资产的利润。三、资本性支出包括维持原有经营规模的资本性支出和扩张经营规模的资本性支出。

自由现金流非常接近巴菲特对所有者收益的定义。自由现金流和所有者收益的主要区别在于：在计算所有者收益时，仅扣除维持公司当前生产经营水平所需要的资本性支出，而在自由现金流的计算中，用于购买新的资产或扩大现有资产规模的资本性支出也被扣除。自由现金流的计算方式比所有者收益更为保守，可以将自由现金流用于公司估值。

三、自由现金流贴现估值法的优点

自由现金流贴现估值法是一种筛选股票的思维模式，这种估值方法指引投资者将注意力放在可持续发展、不依赖大量资本投入即可维持现有盈利能力、每年能产生大量自由现金流的公司。自由现金流贴现估值法综合分析了一家公司的整体现金流情况，全面考虑影响公司价值的各种因素，预测时间较长，更加真实反映了公司的经营情况，是理论上最完善的估值方法。

四、自由现金流贴现估值法的缺点

自由现金流贴现估值法为了保证公司的真实价值处于估值区间，需要对主要数据进行各种假设，得到的估值区间可能会很大。巴菲特在1990年致股东信中说："伯克希尔公司的内在价值继续以一个较大的幅度高于账面价值。不过我们无法告诉你精确的差距是多少，因为内在价值只是一个估计值。事实上，查理和我本人所估算出来的公司价值数据，其差异就有可能超过10%。"

自由现金流贴现估值法是建立在一系列估计数据的基础上的，工作量较大，计算非常复杂，比较适合精通财务并且对目标公司充分了解的人士。这种估值方法的很多变量都是估值者本人的主观判断，估值者可以通过调整各个估值变量从而得到任何想要的结果，估值结果可操纵性过强，估值得出的结果可能会严重偏离实际情况，成为精确的错误。巴菲特在1996年致股东信中说："内在价值是估计值而不是精确值，在利率变化或者对未来现金流的预测修正时必须相应改变估计值。此外，两个人根据完全相同的事实进行估值，几乎总是不可避免地得出至少是略有不同的内在价值估计值，即使对于查理和我来说也是如此，这正是我们从不对外公布公司价值估计值的一个原因。”

自由现金流贴现估值法的准确性是基于对未来现金流的精确判断，对于经营历史大起大落的公司，投资者很难准确预测未来的现金流，因此这种方法适用于现金流可预测度较高的公司，要求公司有足够高的确定性，大部分上市公司实际上不适合进行自由现金流贴现估值。巴菲特在 2004 年伯克希尔公司股东大会上说：“我们只是对于估计一小部分公司股票的内在价值还有点自信，但也只限于一个价值区间，而绝不是看似精确实为谬误的数字。价值评估既是科学又是艺术，投资者大致准确的价值评估并不影响内在价值在投资决策中的作用。”

◇第四节　贴现率

一、长期国债收益率大于 7%时，以长期国债收益率作为贴现率

当 30 年期国债收益率大于 7%时，巴菲特建议使用 30 年期国债收益率作为贴现率，国家肯定会还本付息，这可以被视为无风险贴现率。有人认为，现金流的贴现率应该是长期国债收益率加上投资风险补偿，才能反映公司未来现金流的不确定性。巴菲特优先选择经营历史稳定优秀的公司，这样的公司财务风险和经营风险都比较低，因此他从来不进行风险补偿。如果某项投资更具风险，巴菲特也将保持贴现率不变，通过更低的购买价格来保证充足的安全边际，而不是通过提高贴现率的方式来应对投资风险。巴菲特说：“如果投资者充分了解一家公司，这家公司未来确定性很高，那么很明显无须预留更多的安全边际。如果这家公司未来确定性比较低，投资者就要预留较大的安全边际。”

巴菲特说：“别担心沃顿商学院所教的风险，风险对我们来说是一个通过或者不通过的信号，如果有风险，我们就不会继续前进。我们用长期国债收益率作为贴现率，我们只做我们非常确定的业务，投资者无

法用更高的贴现率来弥补风险。”

巴菲特在1996年伯克希尔公司股东大会上说：“我们一般采用长期国债收益率作为贴现率。我们无法预测长期国债收益率会上升还是下降，不过在长期国债收益率很低的时候，我们喜欢用稍微高一些的利率作为贴现率。现金流贴现估值法并不考虑风险，实际上这个估值方法纯粹是未来的现金流贴现，不论现金来自于高风险的公司还是来自于非常安全的公司，现金都是平等的。一家经营100年的自来水公司产生的现金和一家高科技公司产生的现金都是一样的，如果这家高科技公司能在同时期产生现金的话，但是，高科技公司可能风险更大，未来现金流计算完成之后要对结果打一个较大的折扣。对我们来说，大部分公司的估值都超出我们的能力范围。我们的信念是坚持分析我们能够合理预测其未来的公司，很显然没有人能完美预测一家公司的未来，但是我们认为我们有能力对一些公司进行合理估值。我们不分析我们无法理解的公司，而是坚持分析那些我们理解得很透彻的公司。我们努力避免使用各种风险系数，我们认为这些风险系数只是数字游戏而已。我认为投资者给所在行业不断变化、未来发展不确定的公司做出的估值没有意义。如果有的投资者认为，由于一家公司的情况比较复杂，所以贴现率要提高6%，我认为这么做没有任何道理，可能看起来很合理，但是我认为没有实际意义。你最好坚持投资你能理解的业务，使用长期国债收益率进行贴现。当投资者能以很低的价格买到很了解的公司时就应该感到高兴了。”

巴菲特通过调整购买价格来控制风险，而贴现率是衡量不同业务的通用标准。巴菲特在1998年伯克希尔公司股东大会上说：“为了计算内在价值，投资者需要把预期产生的现金流贴现为现值，我们用的是长期国债收益率，这个收益率并不能提供所需的足够高的回报率，但是，投资者用长期国债收益率贴现得出现值，可以作为一个通用标准来衡量所有的业务。”

二、当长期国债收益率小于或等于7%时，贴现率取10%

当长期国债收益率较低时，巴菲特建议将贴现率调高，当长期国债收益率小于或等于7%时，他甚至会将贴现率调高至10%。巴菲特在1994年伯克希尔公司股东大会上说："在一个长期国债收益率为7%的世界里，我们当然希望我们把税后的现金流至少用10%的贴现率贴现，但是这也取决于我们对业务的确定程度，业务未来确定性越高，我们就越愿意投资。我们必须对任何业务感觉相当确定才会对其产生兴趣，但是公司未来确定性也是有不同程度的。如果我们相信我们会取得30年极为确定的现金流，我们就会用较低的贴现率，低于我们用于贴现预期会有意外或者很可能有意外的业务的贴现率。"

三、实例：用自由现金流贴现法估算贵州茅台价值

1. 贵州茅台公司概述

以下我们以贵州茅台公司为例，用自由现金流贴现估值法对其进行估值。贵州茅台公司的财务特性类似可口可乐公司，符合巴菲特的选股原则。

贵州茅台公司具有长期卓越稳定的经营历史，业务简单易懂，主营业务多年保持不变，具有显著的差异化竞争优势。消费者认可贵州茅台酒，有送礼、社交需求。贵州茅台酒具有成瘾性，消费者会重复购买，具有消费垄断特性。贵州茅台酒能够不断涨价，从而抵御通货膨胀的影响，确保贵州茅台公司长期获得大量利润。

贵州茅台公司的净资产收益率连续多年保持在20%以上，高毛利率，低负债，先收款后发货，现金流充沛。白酒行业还有一个特性是其他行业无法比拟的，就是白酒库存放越久越升值，而绝大多数行业的库存是放越久越贬值。

贵州茅台公司曾经在茅台镇以外全方位复制试验生产，但是品质不如茅台镇出产的茅台酒，根本原因在于茅台镇独特的发酵微生物群。因此，贵州茅台酒只能在茅台镇核心产区生产，产量不可能像可口可乐一样无限扩张，这也造就了贵州茅台酒的稀缺性，是其不断提价的部分原因。

贵州茅台酒最重要的是保持现有的品质和口味，如果创新改变口味几乎是自取灭亡，所以研发投入只需要少量资金。贵州茅台公司也不需要太多的资本性投入，比如生产车间、窖池和仓库一旦投用就可以使用几十年，只需要日常维护就可以，窖池等资产是越老越值钱，因为发酵

微生物会越来越多样化。

2. 贵州茅台估值步骤

巴菲特会优先选择价格低于价值的卓越公司，我们可以通过估算贵州茅台公司的价值，来判断其当前价格是被高估还是低估。

第一步，确定自由现金流公式。找出相关数据用于计算2019—2021年的自由现金流，我们要查阅贵州茅台2019年、2021年的年度报告，涉及2018年、2019年的数据在2019年年度报告中可以查到，涉及2020年、2021年的数据在2021年年度报告中可以查到。自由现金流＝息税前利润＋折旧＋摊销－税收－资本性支出＋净营运资本变动。根据这个公式，我们要先找到2019—2021年以下这几项数据：息税前利润、折旧、摊销、税收、资本性支出、净营运资本变动。

第二步，找出营业收入。在贵州茅台2021年年度报告第5页，可以看到“近三年主要会计数据和财务指标”，这里有2019—2021年的营业收入。

表10-1　贵州茅台2019—2021年主要会计数据和财务指标

单位：元　币种：人民币

主要会计数据	2021年	2020年	本期比上年同期增减(%)	2019年
营业收入	106,190,154,843.76	94,915,380,916.72	11.88	85,429,573,467.25

把营业收入数据填入表10-2。

表10-2　贵州茅台2019—2021年营业收入

单位：元　币种：人民币

	2019年	2020年	2021年
营业收入	85,429,573,467.25	94,915,380,916.72	106,190,154,843.76

第三步，找出税收。在贵州茅台2021年年度报告第103页，可以看到“所得税费用”。

表10-3　贵州茅台2020—2021年所得税费用

单位：元　币种：人民币

项目	本期发生额	上期发生额
当期所得税费用	19,922,940,809.01	16,768,125,335.29

续表

项目	本期发生额	上期发生额
递延所得税费用	−1,115,438,870.71	−94,513,226.58
合计	18,807,501,938.30	16,673,612,108.71

把所得税数据填入表10-4。

表10-4 贵州茅台2019—2021年营业收入及所得税

单位:元　币种:人民币

	2019年	2020年	2021年
营业收入	85,429,573,467.25	94,915,380,916.72	106,190,154,843.76
所得税	14,812,551,005.21	16,673,612,108.71	18,807,501,938.30

第四步，找出利息。在贵州茅台2021年年度报告第100页，可以看到“财务费用”。

表10-5 贵州茅台2020—2021年财务费用

单位：元　币种：人民币

项目	本期发生额	上期发生额
利息支出(租赁负债)	13,529,867.76	
利息收入	−944,578,412.02	−278,697,733.32
其他	−3,474,861.76	44,087,150.88
合计	−934,523,406.02	−234,610,582.44

把财务费用合计数据填入表10-6。

表10-6 贵州茅台2019—2021年营业收入、所得税及利息

单位：元　币种：人民币

	2019年	2020年	2021年
营业收入	85,429,573,467.25	94,915,380,916.72	106,190,154,843.76
所得税	14,812,551,005.21	16,673,612,108.71	18,807,501,938.30
利息	7,458,015.66	−234,610,582.44	−934,523,406.02

第五步，找出净利润。在贵州茅台2021年年度报告第55页，可以看到合并利润表中的“归属于母公司所有者的综合收益总额”，这就是净利润。

表 10-7　贵州茅台 2020—2021 年净利润

单位：元　币种：人民币

项　目	附注	2020 年度	2021 年度
(一)归属于母公司所有者的综合收益总额		52,452,457,865.13	46,699,152,783.85

将净利润数据填入表 10-8。

表 10-8　贵州茅台 2019—2021 年营业收入、所得税、利息及净利润

单位：元　币种：人民币

	2019 年	2020 年	2021 年
营业收入	85,429,573,467.25	94,915,380,916.72	106,190,154,843.76
所得税	14,812,551,005.21	16,673,612,108.71	18,807,501,938.30
利息	7,458,015.66	−234,610,582.44	−934,523,406.02
净利润	416,206,338,018.34	46,699,152,783.85	52,452,457,865.13

第六步，计算息税前利润。息税前利润＝净利润＋利息＋税收。

表 10-9　贵州茅台 2019—2021 年息税前利润

单位：元　币种：人民币

	2019 年	2020 年	2021 年
营业收入	85,429,573,467.25	94,915,380,916.72	106,190,154,843.76
所得税	14,812,551,005.21	16,673,612,108.71	18,807,501,938.30
利息	7,458,015.66	−234,610,582.44	−934,523,406.02
净利润	41,206,338,018.34	46,699,152,783.85	52,452,457,865.13
息税前利润	56,026,347,039.21	63,138,154,310.12	70,325,436,397.41

第七步，找出折旧和摊销。在贵州茅台 2021 年年度报告第 105 页，能看到现金流量表补充资料。

表 10-10　贵州茅台 2020—2021 年折旧与推销费用

单位：元　币种：人民币

补充资料	本期金额	上期金额
1. 将净利润调节为经营活动现金流量：		
净利润	55,720,529,956.46	49,523,329,882.40
加：资产减值准备		

续表

补充资料	本期金额	上期金额
信用减值损失	13,022,441.19	71,371,809.85
固定资产折旧、油气资产折耗、生产性生物资产折旧	1,344,833,911.39	1,195,956,468.60
使用权资产摊销	101,608,046.18	
无形资产摊销	124,084,418.97	110,349,099.00
长期待摊费用摊销	10,687,874.77	10,562,811.76
处置固定资产、无形资产和其他长期资产的损失(收．益以"—"号填列)		
固定资产报废损失(收益以"—"号填列)	11,920,829.77	100,113.92

将上面这个表格的第四行到第十一行共8个项目加起来得到的数据，即折旧和摊销，再将折旧和摊销总额与息税前利润相加，得到"息税前利润＋折旧和摊销"。

表10-11 贵州茅台2019—2021年息税前利润＋折旧与摊销

单位：元 币种：人民币

	2019年	2020年	2021年
营业收入	85,429,573,467.25	94,915,380,916.72	106,190,154,843.76
所得税	14,812,551,005.21	16,673,612,108.71	18,807,501,938.30
利息	7,458,015.66	—234,610,582.44	—934,523,406.02
净利润	41,206,338,018.34	46,699,152,783.85	52,452,457,865.13
息税前利润	56,026,347,039.21	63,138,154,310.12	70,325,436,397.41
以下8项是折旧和摊销			
资产减值准备	5,313,489.80		
信用减值损失		71,371,809.85	13,022,441.19
固定资产折旧、油气资产折耗、生产性生物资产折旧	1,149,884,850.35	1,195,956,468.60	1,344,833,911.39
使用权资产摊销			101,608,046.18

续表

	2019 年	2020 年	2021 年
无形资产摊销	83,262,106.36	110,349,099.00	124,084,418.97
长期待摊费用摊销	10,331,490.16	10,562,811.76	10,687,874.77
处置固定资产、无形资产和其他长期资产的损失(收益以“—”号填列)			
固定资产报废损失(收益以“—”号填列)	478,391.99	100,113.92	11,920,829.77
折旧和摊销合计	1,249,270,328.66	1,388,340,303.13	1,606,157,522.27
息税前利润＋折旧和摊销	57,275,617,367.87	64,526,494,613.25	71,931,593,919.68

第八步，确定资本性支出。资本性支出＝(当前年度的固定资产＋在建工程＋无形资产＋商誉之和)－(上一年度的固定资产＋在建工程＋无形资产＋商誉之和)＋当前年度的折旧和摊销。在贵州茅台 2021 年年度报告第 51 页能看到“合并资产负债表”，以下是部分内容。

表 10-12　贵州茅台 2020—2021 年资本性支出

单位：元　币种：人民币

项　　目	附注	2021 年 12 月 31 日	2020 年 12 月 31 日
固定资产	13	17,472,173,182.85	16,225,082,847.29
在建工程	14	2,321,988,541.82	2,447,444,843.03
生产性生物资产			
油气资产			
使用权资产	15	362,785,970.23	
无形资产	16	6,208,358,330.24	4,817,170,981.91

把以上数据填入表 10-13。

表 10-13 贵州茅台 2018—2021 年息税前利润＋折旧与摊销＋资本性支出

单位：元 币种：人民币

	2018 年	2019 年	2020 年	2021 年
营业收入		85,429,573,467.25	94,915,380,916.72	106,190,154,843.76
所得税		14,812,551,005.21	16,673,612,108.71	18,807,501,938.30
利息		7,458,015.66	−234,610,582.44	−934,523,406.02
净利润		41,206,338,018.34	46,699,152,783.85	52,452,457,865.13
息税前利润		56,026,347,039.21	63,138,154,310.12	70,325,436,397.41
以下 8 项是折旧和摊销				
资产减值准备		5,313,489.80		
信用减值损失			71,371,809.85	13,022,441.19
固定资产折旧、油气资产折耗、生产性生物资产折旧		1,149,884,850.35	1,195,956,468.60	1,344,833,911.39
使用权资产摊销				101,608,046.18
无形资产摊销		83,262,106.36	110,349,099.00	124,084,418.97
长期待摊费用摊销		10,331,490.16	10,562,811.76	10,687,874.77
处置固定资产、无形资产和其他长期资产的损失(收益以“—”号填列)				

续表

	2018 年	2019 年	2020 年	2021 年
固定资产报废损失(收益以“—”号填列)		478,391.99	100,113.92	11,920,829.77
折旧和摊销合计		1,249,270,328.66	1,388,340,303.13	1,606,157,522.27
息税前利润＋折旧和摊销		57,275,617,367.87	64,526,494,613.25	71,931,593,919.68
资本性支出(以下四项的本年度之和减上一年度之和加本年度折旧和摊销)		2,938,362,744.05	2,486,890,631.75	4,481,764,875.18
固定资产	15,248,556,585.02	15,144,182,726.19	16,225,082,847.29	17,472,173,182.85
在建工程	1,954,323,968.68	2,518,938,271.72	2,447,444,843.03	2,321,988,541.82
使用权资产				362,785,970.23
无形资产	3,499,175,374.52	4,728,027,345.70	4,817,170,981.91	6,208,358,330.24
以上四项合计	20,702,055,928.22	22,391,148,343.61	23,489,698,672.23	26,365,306,025.14
以上四项本年度之和减上一年度之和		1,689,092,415.39	1,098,550,328.62	2,875,607,352.91

第九步，计算净营运资本。净营运资本=流动资产－货币资金－无息流动负债。其他金融类流动资产可以视为货币资金。在贵州茅台2021年年度报告第50页可以看到流动资产，51页可以看到流动负债。

表 10-14　贵州茅台 2020—2021 年流动资产

单位：元　币种：人民币

项　　目	附注	2021 年 12 月 31 日	2020 年 12 月 31 日
流动资产：			
货币资金	1	51,810,243,607.11	36,091,090,060.90
结算备付金			
折出资金	2	135,067,287,778.03	118,199,586,541.06
交易性金融资产			
衍生金融资产			
应收票据	3		1,532,728,979.67
应收账款	4		
应收款项融资			
预付款项	5	389,109,841.28	898,436,259.15
应收保费			
应收分保账款			
应收分保合同准备金			
其他应收款	6	33,158,974.32	34,488,582.19
其中：应收利息			
应收股利			
买入返售金融资产			
存货	7	33,394,365,084.83	28,869,087,678.06
合同资产			
持有待售资产			
一年内到期的非流动资产			
其他流动资产	8	71,527,560.74	26,736,855.91
流动资产合计		220,765,692,846.31	185,652,154,956.94

表 10-15　贵州茅台 2020—2021 年流动负债

单位：元　币种：人民币

项　目	附注	2021 年 12 月 31 日	2020 年 12 月 31 日
流动负债：			
短期借款			
向中央银行借款			
拆入资金			
交易性金融负债			
衍生金融负债			
应付票据			
应付账款	20	2,009,832,495.56	1,342,267,668.12
预收款项			
合同负债	21	12,718,465,288.02	13,321,549,147.69
卖出回购金融资产款			
吸收存款及同业存放	22	21,763,575,647.32	14,241,859,949.77
代理买卖证券款			
代理承销证券款			
应付职工薪酬	23	3,677,845,718.53	2,981,125,503.86
应交税费	24	11,979,802,144.01	8,919,821,015.58
其他应付款	25	4,124,404,781.29	3,257,245,259.42
其中：应付利息			
应付股利			
应付手续费及佣金			
应付分保账款			
持有待售负债			
一年内到期的非流动负债	26	104,319,886.87	
其他流动负债	27	1,535,976,293.22	1,609,801,368.51
流动负债合计		57,914,222,254.82	45,673,669,912.95

把相应数据填入表 10-16，我们可以根据公式自由现金流＝息税前利润＋折旧和摊销－税收－资本性支出＋净营运资本变动，计算得到贵州茅台 2019—2021 年的自由现金流。

表 10-16 贵州茅台 2019—2021 年自由现金流

单位：元 币种：人民币

	2018 年	2019 年	2020 年	2021 年
营业收入		85,429,573,467.25	94,915,380,916.72	106,190,154,843.76
所得税		14,812,551,005.21	16,673,612,108.71	18,807,501,938.30
利息		7,458,015.66	−234,610,582.44	−934,523,406.02
净利润		41,206,338,018.34	46,699,152,783.85	52,452,457,865.13
息税前利润		56,026,347,039.21	63,138,154,310.12	70,325,436,397.41
以下 8 项是折旧和摊销				
资产减值准备		5,313,489.80		
信用减值损失			71,371,809.85	13,022,441.19
固定资产折旧、油气资产折耗、生产性生物资产折旧		1,149,884,850.35	1,195,956,468.60	1,344,833,911.39
使用权资产摊销				101,608,046.18
无形资产摊销		83,262,106.36	110,349,099.00	124,084,418.97
长期待摊费用摊销		10,331,490.16	10,562,811.76	10,687,874.77
处置固定资产、无形资产和其他长期资产的损失（收益以“—”号填列）				

续表

	2018 年	2019 年	2020 年	2021 年
固定资产报废损失(收益以"—"号填列)		478,391.99	100,113.92	11,920,829.77
折旧和摊销合计		1,249,270,328.66	1,388,340,303.13	1,606,157,522.27
息税前利润+折旧和摊销		57,275,617,367.87	64,526,494,613.25	71,931,593,919.68
资本性支出(以下四项的本年度之和减上一年度之和加本年度折旧和摊销)		2,938,362,744.05	2,486,890,631.75	4,481,764,875.18
固定资产	15,248,556,585.02	15,144,182,726.19	16,225,082,847.29	17,472,173,182.85
在建工程	1,954,323,968.68	2,518,938,271.72	2,447,444,843.03	2,321,988,541.82
使用权资产				362,785,970.23
无形资产	3,499,175,374.52	4,728,027,345.70	4,817,170,981.91	6,208,358,330.24
以上四项合计	20,702,055,928.22	22,391,148,343.61	23,489,698,672.23	26,365,306,025.14
以上四项本年度之和减上一年度之和		1,689,092,415.39	1,098,550,328.62	2,875,607,352.91
净营运资本	—5,178,131,040.61	—1,609,698,994.86	13,251,217,539.49	10,560,300,028.56
流动资产	137,861,835,307.57	159,024,472,009.08	185,652,154,956.94	220,765,692,846.31
其他金融类流动资产		117,337,810,563.27	118,199,586,541.06	135,067,287,778.03
货币资金	112,074,791,420.06	13,251,817,237.85	36,091,090,060.90	51,810,243,607.11

续表

	2018 年	2019 年	2020 年	2021 年
无息流动负债（以下九项合计）	30,965,174,928.12	30,044,543,202.82	18,110,260,815.49	23,327,861,432.61
应付票据				
应付账款	1,178,296,416.59	1,513,676,611.44	1,342,267,668.12	2,009,832,495.56
预收款项	13,576,516,813.44	13,740,329,698.82		
应付职工薪酬	2,034,514,658.91	2,445,071,026.57	2,981,125,503.86	3,677,845,718.53
应交税费	10,771,075,966.85	8,755,949,266.98	8,919,821,015.58	11,979,802,144.01
其他应付款	3,404,771,072.33	3,589,516,599.01	3,257,245,259.42	4,124,404,781.29
预提费用				
递延收益．流动负债				
其他流动负债			1,609,801,368.51	1,535,976,293.22
净营运资本变动（上一年度减去本年度的差）		−3,568,432,045.75	−14,860,916,534.35	2,690,917,510.93
自由现金流		35,956,271,572.86	30,505,075,338.44	51,333,244,617.13

第十步，估计未来年份的自由现金流。我们用两阶段模式预估未来自由现金流，先预测未来5年每一年的自由现金流，5年以后按永续增长模式预测。根据自由现金流的公式，我们要分别预测未来5年的息税前利润、折旧、摊销、税收、资本性支出、净营运资本变动。

由于贵州茅台的经营状况非常稳定，我们采用过去3年的数据规律来预测未来5年数据准确的概率会比较高。

未来5年营业收入预测。我们用过去3年的营业收入平均增长率（假设为A%）作为未来5年的营业收入增长率，就可以计算出未来5年的营业收入预测值。举例来说，2022年的预测营业收入＝2021年的营业收入×(1＋A%)。

未来5年息税前利润预测。我们用过去3年的息税前利润之和除以过去3年的营业收入之和，得到过去3年息税前利润与营业收入的平均比率（假设为B%），以这个比率来计算未来5年的息税前利润预测值。举例来说，2022年的预测息税前利润＝2022年的预测营业收入×B%。

未来5年折旧和摊销预测。我们用过去3年的折旧和摊销之和除以过去3年的营业收入之和，得到过去3年折旧和摊销与营业收入的平均比率（假设为C%），以这个比率来计算未来5年的折旧和摊销预测值。举例来说，2022年的预测折旧和摊销＝2022年的预测营业收入×C%。

未来5年税收预测。我们用过去3年的税收之和除以过去3年的息税前利润之和，得到过去3年税收与息税前利润的平均比率（假设为D%），以这个比率来计算未来5年的税收预测值。举例来说，2022年的预测税收＝2022年的预测息税前利润×D%。

未来5年资本性支出预测。我们用过去3年的资本性支出之和除以过去3年的营业收入之和，得到过去3年资本性支出与营业收入的平均比率（假设为E%），以这个比率来计算未来5年的资本性支出预测值。举例来说，2022年的预测资本性支出＝2022年的预测营业收入×E%。

未来5年净营运资本变动预测。我们用过去3年的净营运资本变动之和除以过去3年的营业收入之和，得到过去3年净营运资本变动与营业收入的平均比率（假设为F%），以这个比率来计算未来5年的净营运资本变动预测值。举例来说，2022年的预测净营运资本变动＝2022

年的预测营业收入×F%。

通过以上方法，我们可以计算出未来5年的自由现金流预测值。

第十一步，根据自由现金流贴现公式计算贴现值。在2022年12月，30年期国债收益率小于7%，按照巴菲特的做法，当30年期国债收益率小于或等于7%，贴现率r取10%，前5年贴现率r=10%；5年后属于永续增长阶段，永续增长率g取5%。FCF_1～FCF_5（FCF，Free Cash Flow，自由现金流）是未来第1年至第5年的自由现金流。一家公司未来自由现金流贴现值(公司估值)$=FCF_1/(1+r)+FCF_2/(1+r)^2+FCF_3/(1+r)^3+FCF_4/(1+r)^4+FCF_5/(1+r)^5+FCF_5/(1+r)^5\times(1+g)/(r-g)$。

表10-17 贵州茅台估值结果表

单位：元　币种：人民币

年度	自由现金流预测值	自由现金流预测值贴现
2022年	48,806,775,009.66	48,806,775,009.66
2023年	54,566,797,112.74	49,606,179,193.40
2024年	61,006,598,910.78	50,418,676,785.77
2025年	68,206,405,865.66	51,244,482,243.17
2026年	76,255,911,395.99	52,083,813,534.59
5年后		1,093,760,084,226.33
估值结果		1,345,920,010,992.91

我们的估值时间点是2022年12月，所以2022年的自由现金流可以直接用原有预测值，2023年的自由现金流按照1年贴现，2024年的自由现金流按照2年贴现，依此类推。经过计算，贵州茅台公司的估值结果是13459.2亿元，除以贵州茅台公司目前的总股本12.56亿股，就可以得到贵州茅台公司的每股价值为1072元。如果我们按照公司价值70%以下的价格买入，目前贵州茅台公司的每股理想买入价格应为750元以下。由于贵州茅台公司的未来确定性比较高，公司价值会不断增加，未来增加的价值也是安全边际，因此投资者可以把估值结果1072元作为合理买入价格。2022年12月贵州茅台的股票在1600元～1700元之间变动，高于合理买入价格1072元。

巴菲特通过调整买入价格来控制风险，如果一家公司的未来发展确定性比较低，他会等到价格低一些再买入，预留充足的安全边际；如果一家公司的未来发展确定性比较高，他愿意用高一些的价格买入。巴菲特对价格的判断是依据经验和计算做出的，投资者需要对公司充分详细研究后再做出公司估值和买入价格的判断。

◇第五节　简化自由现金流贴现估值法

本节主要介绍著名投资人唐朝的估值方法，他在自由现金流贴现估值法原有基础上做了一些简化，以方便投资者对符合前提条件的公司快速估值。

一、三大前提

应用这种简化估值方法的公司要具备三大前提：公司的利润为真、利润可持续、维持当前利润不需要太多资本性支出。

第一大前提：公司的利润为真。净利润要有足额的净现金流入，不仅仅是账面数字。这一前提主要是为了排除虚报利润的公司，有些公司赚取的净利润可能只是账面数字，没有足额的净现金流入；有些公司的利润主要靠变卖资产而不是靠主营业务经营所得，这种获取利润的方式是不可持续的；有些金融公司的报表中利润数值依赖大量参数假设，这些参数的微小变动会导致报表利润发生巨大的波动，而这些参数假设在很长时间内无法证实。

第二大前提：公司可以持续创造利润。投资者要投资具有持续竞争优势的公司，这样的公司能持续赚取利润。一个具有持续竞争优势的公司通常都具有三个特征：被客户需要、很难被竞争对手替代、可以适当合理涨价而不用担心客户流失。具有持续竞争优势的公司未来确定性比较高，在可见的未来处于强势地位，可以持续赚取利润。

第三大前提：公司维持当前利润水平不需要大量资本性支出。一家公司不用将每年的大量利润都用在更新厂房和设备上面，公司每年能够留下来自由使用的钱就是自由现金流，即使这笔钱全部发放给股东也不影响公司经营。要注意的是，公司为获得更多市场份额或更高盈利的扩张性的资本性支出，不计入“维持当前盈利能力所需的资本投入”。

综上所述，利润为真、利润可持续、维持当前盈利能力不需要大量的资本性支出，满足这三大前提的公司，可以用简化自由现金流贴现法进行估值，实际上也是对公司未来确定性的评估。

二、估值过程

唐朝的估值方法是两段式自由现金流贴现估值法的简化版本，只要满足以上三大前提的公司，投资者就可以用净利润替代自由现金流为公司估值。不论在哪个行业，一家公司都可以以估值时的无风险收益率的倒数作为“估值市盈率”取值区间，“估值市盈率”仅用于估值，与股票的实际市盈率无关，无风险收益率可以取 30 年期国债收益率。以 2022 年 12 月为例，30 年期国债收益率介于 3%～4%之间，那么估值市盈率取值区间为 25～30 倍。如果 30 年期国债收益率为 4%～5%，那么估值市盈率取值区间为 20～25 倍。不同公司的净利润质量、未来确定性会存在差异，估值市盈率可以通过取上限、中间值或下限体现乐观估计或者保守估计。比如在 30 年期国债收益率为 3%～4%的情况下，估值市盈率区间为 25～30 倍，贵州茅台的未来确定性比较高，可以取 30 倍估值市盈率。

当年的合理估值＝当年的预测净利润×估值市盈率。3 年后合理估值＝3 年后的预测净利润×估值市盈率。对于部分净利润现金含量低于 100%、但其他方面都符合条件的公司，可对净利润予以折扣处理，如果公司净利润明显大于经营现金流入量净额，可以将净利润打 8 折；如果公司的有息负债占总资产超过 70%，可以将净利润打 7 折，但投资者最好不要投资有息负债过高的公司。

关于买入点，3 年后合理估值的 50%就是当年的理想买入价格，相当于以这个价格买入后持股 3 年价格翻一倍，可以确保买入价格足够便宜并且预留了足够的安全边际，即使估值有偏差，仍可以大概率保证盈利。

与理想买点对应的是合理买点。当年的合理买点＝当年合理估值＝当年预测净利润×估值市盈率。如果目标公司的股票价格在合理估值之下，理想买点之上，确定性越高，投资者可以在合理买点附近开始买入；确定性越低，投资者最好等到接近理想买点再开始买入。

关于卖出点。对于未来确定性比较高的公司，股票市值超过3年后合理估值的150%，或者当年动态市盈率超过50倍，达到任意一个条件时就可以将股票卖出。对于未来确定性比较低的公司，投资者可以适当降低卖出点，比如股票市值超过3年后合理估值的100%，或者当年动态市盈率超过30倍时卖出。投资者每年要对自己持有的公司股票重新估值，评估买点和卖点。

对于周期性行业的公司盈利，投资者可以采用过去10年的平均利润去模拟近似的正常收益，计算当年的合理估值。买点为当年合理估值的7折，卖点为合理估值上限的150%。

三、贵州茅台估值

我们用唐朝的估值方法对贵州茅台公司进行估值。首先检查该公司是否满足三大前提条件。一是利润是否为真。贵州茅台都是预收货款，不存在应收账款，公司资金充足，不需要有息负债，主要靠主营业务获取利润，利润为真。二是利润是否可持续。白酒是延续几千年的饮品，预计在未来仍会延续，贵州茅台作为白酒龙头品牌，并且具有成瘾性，消费者会不断重复消费，在未来仍会赚取丰厚利润。三是维持利润是否需要大量的资本性支出。贵州茅台关键是维持现有口味，因而不需要大规模创新和研发投入，而厂房、设备、窖池一旦建成就只需要日常维修和维护，不需要持续投入大笔资金维持现有利润。综上所述，贵州茅台公司符合三大前提。

在2022年12月，贵州茅台当年的净利润估计为600亿元，预计2023—2025年的净利润复合增长率为13%，得出其2023—2025年预测净利润分别为678亿元、766亿元、865亿元。

贵州茅台3年后（2025年）净利润预计为865亿元。2022年12

月，30 年期国债收益率在 3%～4%之间，对应估值市盈率区间为 25～30 倍，由于未来确定性比较高，取 30 倍估值市盈率，因此 3 年后的合理估值为 25950 亿元。为了预留充足的安全边际，按 3 年后合理估值的 50%作为当年理想价格买入，即市值为 12975 亿元。贵州茅台目前总股本为 12.56 亿股，2022 年的理想买入价折合每股 1033 元。

贵州茅台当年的合理估值＝当年的预估净利润×30＝600×30＝18000 亿元，从而得出 2022 年合理买入价折合每股 1433 元。

综上所述，贵州茅台 2022 年的理想买入价格为每股 1033 元，合理买入价格为每股 1433 元。因其未来确定性比较高，投资者可以等到合理买入价位开始分批买入，到理想买入价位清空预备买入资金。2022 年 12 月，贵州茅台的股票价格为 1600～1700 元，高于合理买入价格 1433 元。

贵州茅台的卖出点。贵州茅台具有消费垄断属性和持续竞争优势，未来确定性比较高，投资者买入后应尽量长期持有，卖出点可以定得高一点。卖出点一：贵州茅台市值超过 3 年后合理估值的 150%。贵州茅台 3 年后合理估值×150%＝25950×150%＝38925 亿元。卖出点二：当年动态市盈率超过 50 倍。以上两个卖出点有任意一个先触及的，都可以卖出股票。投资者应每年重新评估贵州茅台的买入点和卖出点。

第十一章
买入时机

CHAPTER 11

第一节　当价格远低于价值时买入

第二节　在大熊市买入

第三节　当好公司暂时遇到困难，股票价格暴跌时买入

第四节　公司内部人士大量买入股票是重要参考指标

◇第一节　当价格远低于价值时买入

对于价值投资者来说，无论多好的资产，如果买入价格过高，都容易变成失败的投资。投资者找到具有持续竞争优势的公司后，要对公司价值进行评估，然后与股票价格进行比较，当股票价格远低于公司价值时买入。一般来说，股票价格比公司价值低 30%以上才是值得投资的，即股票价格为公司价值的 70%以下买入。对于未来确定性比较高的公司，买入价格可以适当提高。投资者可以长期关注几家具有持续竞争优势的公司，一旦某家公司的股票价格降到公司价值的 70%以下，就可以分批买入。分批买入的主要原因是，投资者无法预测股票价格的最低点，分批买入可以有效降低平均买入成本，当股票价格继续下跌时可以再买入一部分。

投资者为一家具有持续竞争优势的公司所支付的价格越低，潜在的投资回报率就越高。如果一家公司的股票价格降到公司价值的 50%以下，那么这只股票就非常值得买入，投资者要尽可能多地买入股票，不要纠结买入价格高了 3%或 5%，这时买入足够多的股票，才能在未来股票价格回归公司价值时赚到大额回报。投资者可以少量买入几家具有持续竞争优势公司的股票作为观察仓，一旦这几家公司的股票价格下跌到预定金额，价格越低，买入数量可以越多。

一家优质公司暂时遇到困难，可能会导致这家公司的价值被错误地低估，这是巨大的投资机遇，股票价格大跌会形成巨大的安全边际，这是买入的良机，随着公司解决问题后恢复正常经营，市场重新认识到其长期盈利能力，股票价格将会回归公司价值。

巴菲特在 1980 年致股东信中说："伯克希尔公司并不像有些人想象的那样动不动就控股一家公司。我们决定是否要整体买下某家公司前，需要慎重考虑很多因素，通常情况下考虑的因素有五六条，但是一定要考虑买入价格是否合理。如果我们购买一家公司的部分股权比购买整家公司的价格更合理的话，我们会选择购买部分股权的投资方式。”

巴菲特在1982年致股东信中说：“我们投资股票的做法是，用合理的价格买到足够吸引人的公司。与此同时，投资者最好在股票市场温和时买入。股票市场就像上帝一样帮助那些自己帮助自己的人，但是与上帝不一样的地方是股票市场不会原谅那些不知道自己在做什么的人。如果投资者买入股票的价格过高的话，会抵消一家业绩优异公司未来10年发展所创造的价值。”

低价买入桑伯恩地图公司

桑伯恩地图公司主要从事美国城市详细地图的出版和持续修订业务，这种地图通过粘贴覆盖的方式进行修订，持续更新显示新建建筑、结构材料、消防设施、水管直径变化等信息，这些信息对火灾保险公司至关重要。保险公司通过这些地图就可以对当地发生火灾的风险程度做出评估并确定保费。这些城市地图每年修订一次，直到无法继续粘贴覆盖为止，一般每20年或者30年会重新出版一份地图。桑伯恩地图公司的主要客户为大约30家保险公司，除了保险行业，也包括其他行业的客户，比如公用事业公司、抵押贷款公司和税务局。

桑伯恩地图公司的业务在很长一段时间都具有垄断特性，几乎不需要主动营销，每年公司利润非常稳定，不受经济衰退的影响。在公司发展的早期，保险行业甚至担心桑伯恩地图公司利润太高，于是安排高管进入桑伯恩地图公司的董事会行使监督职能。

20世纪50年代早期，保险公司开始采用评分方式承揽保险，对地图的需求锐减，桑伯恩地图公司的业务利润大幅减少，税后利润从20世纪30年代的50多万美元减少到1959年的10万美元，导致其股票价格也开始下滑，从1938年的110美元一路跌到1958年的45美元。

在20世纪30年代早期，桑伯恩地图公司开始投资证券。1958年，公司的总股本为10.5万股，年销售收入为250万美元，同时拥有约700万美元的证券投资组合，折合每股约65美元，而其股票价格为每股45美元，公司持有的证券投资组合的每股价值就超过股票价格20美元，如果加上公司其他资产的价值，总价值必然远超股票价格，因此买入桑伯恩地图公司股票具有巨大的安全边际。

1958年，巴菲特开始买入桑伯恩地图公司的股票，他既以个人资金买入，也鼓励朋友们一起买入，因为他需要足够多的股票才能得到控制权，推动公司董事会做出改变，释放出公司应有的价值。巴菲特投入合伙公司35%的资金，共持有2.4万股桑伯恩地图公司股票，占公司总股本的22.8%，他的朋友及同盟持有21%左右的股份，最终巴菲特实际掌握了桑伯恩地图公司的控制权。巴菲特在1958年致股东信中说："尽管桑伯恩地图公司的价值低估程度不比我们持有的其他证券更大，但是我们成为这家公司最大的股东，这使我们具有很大的控制优势，我们可以决定用多长时间去修正低估的公司价值。在这项特别的投资里，我们可以肯定在持有期间能够战胜道琼斯指数。"

1960年初，在巴菲特的主导下，桑伯恩地图公司董事会同意用公司所持有的证券投资组合按照市场价格回购股东持有的股票，这样可以避免卖出证券投资组合后缴纳约100万美元的资本利得税。桑伯恩地图公司大约回购了72%的股票，涉及1600名股东中的50%，这些股票被回购注销。桑伯恩地图公司保留了地图业务，超过125万美元的政府债券作为储备资金被保留下来。对于留下的股东而言，公司的资产质量略有改善，每股盈利显著增加，股息率也提高了。此后，巴菲特合伙公司卖出持有的证券，收益率大约为50%。桑伯恩地图公司属于巴菲特早期投资阶段的"烟蒂股投资"，股票价格远低于公司每股净资产，但是桑伯恩地图公司的前景并不好，巴菲特只是想把净资产价值超过股票价格的部分变现，然后退出。

低价买入华盛顿邮报公司

1972年，华盛顿邮报公司股票价格稳定上升，从1月的每股24.75美元上升到12月的38美元，到1973年5月，其股票价格下跌到23美元左右。巴菲特抓住这一良机，投资1062.8万美元买入461750股华盛顿邮报公司B股股票。

巴菲特在1984年写给华盛顿邮报公司董事长凯瑟琳·格雷厄姆的信中说："伯克希尔·哈撒韦公司自从在1973年的春季和夏季分批购买

了华盛顿邮报公司的股票以后，这些股票的市值已经从当时的 1060 万美元上涨到 1.4 亿美元。如果我当时没有购买华盛顿邮报公司股票而购买其他传媒公司的股票，这 1060 万美元只能拥有 6000 万美元的纽约时报公司股票，或者 4000 万美元的时代镜报公司股票，或者 3000 万美元的加奈特公司股票，或者 7500 万美元的骑士债券，而不是拥有 1.4 亿美元市值的华盛顿邮报公司股票。”

巴菲特在 1985 年致股东信中说：“我们之前曾提到过去 10 年来，伯克希尔公司的投资已由过去完全不注重大公司转变成适当注重大公司，华盛顿邮报公司就是一个最好的案例。我们在 1973 年中期以不到当时华盛顿邮报公司价值四分之一的价格买入这家公司的股票。比较股票价格和公司价值并不需要非同寻常的洞察力，大部分证券分析师、媒体经纪人与媒体经营者跟我们一样估计华盛顿邮报公司的价值在 4 亿到 5 亿美元之间，当时华盛顿邮报公司仅 1 亿美元的股票市值每个人都能看到，只是我们具有的优势是正确的投资心态，我们从本杰明·格雷厄姆那里学到成功投资的关键是在股票价格远低于公司价值的时候买入。在 70 年代早期，大部分机构投资者认为公司价值与股票价格关系不大，现在来看让人难以理解，当时他们被知名商学院提出的有效市场理论迷惑，有效市场理论认为股票市场完全有效，因此评估公司价值对于股票投资一点也不重要。我们认为实在亏欠这些传播有效市场理论的学者太多了，在桥牌、棋类或是选股等智力竞赛中，当对手被告知思考是一件毫无用处的事，还有什么比这个能让我们处于更有利的地位呢？1973—1974 年，华盛顿邮报公司的经营业绩表现良好，公司价值持续增加。尽管如此，1974 年年底我们对华盛顿邮报公司的持股市值由原始投资的 1000 多万美元下跌到 800 万美元，本来在一年前我们觉得已经非常便宜的华盛顿邮报公司股票，没想到在一年之后，拥有无穷智慧的‘市场先生’又将这家公司的价格向下调整了 20%。”

巴菲特认为华盛顿邮报公司的股票价格仅为公司价值的 20%～25%，属于严重低估，是买入股票的大好时机。尽管在他买入后出现了 20%的账面浮亏，但他认为这时能以更加便宜的价格买入更多华盛顿邮报公司股票。巴菲特是在华盛顿邮报公司股票价格大幅下跌后买入的，他也无法预测股票价格最低点，因此出现账面浮亏很正常，但是不影响巴菲特从对华盛顿邮报公司的投资中赚取大笔利润。

◇第二节　在大熊市买入

股票市场整体低迷时，具有持续竞争优势公司的股票价格也会陷入低迷，这是购买股票的大好机会。在股票价格暴跌时，股票市场会陷入恐慌，广大投资者会大量抛售股票，这反而是购买股票的好时机。对于具有持续竞争优势公司来说，股票价格下跌只是暂时的，迟早会回归公司价值。

股票市场越低迷，股票价格越低，股票价格回归公司价值的空间就越大，潜在投资回报率就越高。巴菲特在1996年致股东信中说：“我们面临的挑战是要像我们现金增长的速度一样，我们需要持续想出更多的投资主意。股票市场低迷可能给我们带来许多明显的好处。首先，股票市场低迷有助于降低我们整体收购公司的价格；其次，低迷的股票市场使我们下属的保险公司更容易以低价买入卓越公司的股票，包括在我们已经拥有的股权份额基础上继续增持；最后，我们已经买入股票的卓越公司，如可口可乐公司、富国银行，会在股票市场低迷时不断回购股票，这会让公司和股东因此受益。总体来说，伯克希尔公司和它的长期股东们从不断下跌的股票价格中获得了更大的利益，这就像一个贪吃者从不断下跌的食品价格中得到更多实惠一样。所以，当股票价格狂跌时，我们应该有这种贪吃者的心态，既不恐慌也不沮丧。股票价格下跌对伯克希尔公司来说反而是重大利好消息。”

巴菲特在1997年致股东信中说：“我们当初依靠在20世纪70年代与80年代股票价格低迷时做的一些投资获取了巨大的利润。当时的股票市场是一个对短期投机者不利、对长期投资者有利的市场。近几年来，我们在那个年代所做的一些投资决策尽管已陆续得到了市场验证，不过现在我们却很难再找到类似的机会。”

巴菲特在 2000 年致股东信中说："伯克希尔公司和它的长期股东们从不断下跌的股票市场价格中获得更大的利益，对我们来说，市场下跌反而是重大利好消息。大多数人都是别人对股票感兴趣时才对股票感兴趣，但是没有人对股票感兴趣时，理性投资者才正应该对股票感兴趣。大众越追捧的热门股票越难赚到钱，只有股票市场极度低迷，整个市场的投资者普遍悲观时，获取超级投资回报的良机才会出现。"

巴菲特在 2002 年伯克希尔公司股东大会上说："虽然股票市场连续下跌 3 年让股票越来越有吸引力，但是我们还是很难找到能够引起我们兴趣的投资目标，这是之前互联网科技泡沫留下来的后遗症，聚会狂欢导致的宿醉到现在仍然没有完全消退。我们非常喜欢投资股票，我是说如果可以以合理的价格买入股票的话。在我个人 61 年的投资生涯中有 50 多年都会有这样的机会出现，我想以后还会有更多类似的机会，只不过除非我们发现至少可以获得税前 10%回报率的投资机会，否则我们宁愿坐等良好的投资时机出现，尽管我们必须忍耐短期闲置资金不到 1%的税后回报。成功的投资本身就需要耐心等待。"

2008 年美国发生金融危机，当年 10 月 16 日，巴菲特在《纽约时报》发表的《我正在买入美股》一文中说："目前金融行业一片混乱，全世界都是这样。从金融体系开始的危机慢慢影响实体经济。短期来看，失业率会继续上升，商业活动会停滞不前，各大报纸头条继续危言耸听。我正在用我的私人账户购买美国股票，此前我的私人账户持有的全部是美国国债。我一直以来奉行的原则是：当别人贪婪时恐惧，当别人恐惧时贪婪。目前包括投资领域的资深投资者都很恐惧，不敢贸然买入股票。我无法预测股票市场的短期走势，如果你问我一个月后或者一年后股票市场的发展趋势，我也不知道。但是我可以肯定的是，在经济和市场信心真正复苏以前，股票价格会大幅度上涨。如果投资者到那时再买股票，就已经错过了买入股票的最好机会。在'二战'时期，美国股票市场在 1942 年 4 月到达底部，当时同盟国和轴心国谁能取得战争的胜利还很难说。20 世纪 80 年代，投资者购买股票最好的时机是经济停滞与通货膨胀最严重的时候。简单来说，坏消息永远是价值投资者最好的朋友。"

巴菲特这篇文章发表后的5个月，美国标准普尔500指数在2009年3月6日跌到谷底666点，此后开启了美国股票历史上时间最长的牛市。巴菲特在股票市场低迷时开始买入股票，即使没有买在股票市场底部，仍然为他带来了巨额回报。股票市场低迷时，投资者可以分批买入股票，有效降低买入成本。

2001年12月10日，巴菲特在《财富》杂志上发表的文章中说："美国市场上所有公开交易的股票总市值占国民生产总值的百分比，这个比率可能是任何时候衡量股票市场估值的最佳单一手段。如果这个比率在70%或80%附近，购买股票可能会有不错的回报。如果这个比率接近200%，就像1999年和2000年的一段时间里的情况（互联网科技概念股炒作泡沫），那么你就是在玩火。"

巴菲特提出了一个衡量股票市场整体是否过冷或过热的定量指标，即所有上市公司总市值占国民生产总值（GNP）的比率。国民生产总值与国内生产总值（GDP）的关系是：GNP＝GDP＋本国投在国外的资本和劳务的收入－外国投在本国的资本和劳务的收入。中国的GDP与GNP差距不大，可以用GDP代替GNP进行计算。

当所有上市公司总市值与GDP的比率在80%以下时，表示股票市场过冷，投资者可以分批买入具有持续竞争优势公司的股票，越跌越买；当所有上市公司总市值与GDP的比率在100%以上时，表示股票市场过热，投资者要分批卖出股票，越涨越卖。由于任何人都难以判断股票市场的底部和顶部，所以采取分批买入、分批卖出的方法。

2007年10月16日，上证指数达到6124最高点后开始暴跌。这一天沪深两市总市值上涨到35.6万亿元。2007年中国的GDP是27.01万亿元。2007年10月16日上市公司总市值/2007年GDP＝35.6/27.01≈131.80%。

2015年6月12日，上证指数达到5178最高点后开始暴跌。这一天沪深两市总市值上涨到71.24万亿元。2015年中国的GDP是68.89万亿元。2015年6月12日上市公司总市值/2015年GDP＝71.24/68.89≈103.41%。

综合以上两段分析，当上市公司总市值与GDP的比值大于100%

的时候，预示着股票市场过热，暴跌的概率大大提高，当然不排除这个比值会涨到130%以上，但是基于安全边际考虑，在这个比值大于100%的时候，投资者就要开始分批卖出。巴菲特在1987年致股东信中说："就像童话故事里参加舞会的灰姑娘，务必要在午夜十二点前离开，否则马车将会变回南瓜。"

◇第三节 当好公司暂时遇到困难，股票价格暴跌时买入

当具有持续竞争优势的公司暂时出现重大问题时，股票价格可能会大幅下跌，只要这些问题是日后可以解决的，没有损害公司的持续竞争优势，当股票价格远低于公司价值时，就是投资者购买这家公司股票的大好机会。如果公司解决问题后恢复正常收益水平，股票价格将大幅回升。

在美国运通公司遇到重大问题时买入

美国运通公司创建于1850年，以邮件业务起家。随着时代的发展，开始从事相关多元化业务。美国运通在1963年的年度报告中介绍了公司旗下的10项业务，按业务规模的大小排序分别是：旅行支票、汇票、水电账单、旅行、信用卡、商业银行业务、海外汇款、货运、富国银行、赫兹租车和仓储。

1963年，美国运通位于新泽西州巴约纳的一个仓库接收了联合植物油精炼公司（公司负责人安东尼·德·安杰利斯）的一批灌装色拉油，并开出收据作为这批色拉油的库存凭证，联合植物油精炼公司用此收据作为抵押物从银行取得贷款。安杰利斯为了从银行借到更多的钱，在油罐里装满海水，只加了少量色拉油，由于色拉油会漂浮在海水表面，检查员通过油罐口只能看到色拉油。

安杰利斯把从银行借来的钱投入豆油期货投机中，结果豆油价格崩盘，安杰利斯无法偿还银行贷款，因为欺诈罪和串谋罪被判刑7年，并

导致一家大型经纪公司破产。债权人找到美国运通的仓库，要求用色拉油库存偿还债务，这时才真相大白：油罐里装的都是海水。美国运通的仓储公司须承担库存担保责任，在赔偿责任的重压之下，美国运通的股价大幅下跌，由1963年诈骗案发生之前的每股60美元，跌至1964年年初的每股35美元。

美国运通公司是否应该担责当时还没有定论，因为它也是这起诈骗案的受害者。但是，美国运通公司总裁霍华德·克拉克为了维护公司的信用和声誉，提出6000万美元赔偿方案，这一举动遭到美国运通公司部分股东的强烈反对，克拉克甚至被告上法院，这部分股东认为公司没有义务支付赔偿金，而且这笔金额太大，当时美国运通的净资产才7800万美元。

美国运通的基础业务能产生规模庞大的现金流，比如旅行支票业务会产生大量浮存金，不但不需要为这些浮存金支付利息，还能利用这些浮存金赚取利润，比如买入政府债券，赚取安全的固定收益。当时美国运通的库存现金超过2.5亿美元，有充足的现金可以支付6000万美元赔偿金。美国运通拥有庞大的库存现金是基于客户的信任，如果客户不再信任美国运通，将资金撤出，美国运通就可能陷入破产窘境。克拉克非常清楚美国运通的信用和声誉是公司正常运转的基石，他认为即使支付一些不一定有法律义务的债务也是值得的。

巴菲特从美国运通的这次事件中察觉到赚钱的机会，他安排自己的经纪人亨利·勃兰特去调查银行、酒店、旅馆以及使用美国运通信用卡的人员，并搜集关于美国运通的信息。巴菲特自己去奥马哈的餐馆和酒店了解人们是否还在使用美国运通的信用卡，还去银行和旅行社了解美国运通的旅行支票的使用量是否受到影响，以及美国运通的竞争对手的情况。巴菲特通过实际调查发现：这次事件并没有对美国运通的信誉和品牌造成影响，消费者还在继续使用美国运通的旅行支票、信用卡，美国运通可能会暂时受影响，但是其预期收益能力不会受到损害，依旧是一家有着良好前景的公司。1965年，美国运通公司和联合植物油精炼公司的债权人达成6000万美元的赔偿协议，解决了这一事件。

截至1964年6月，巴菲特合伙公司已投入300万美元购买美国运通股票，到11月增加至430万美元。截至1966年，巴菲特合伙公司一共花了1300万美元持有美国运通5%的股份。1967年，美国运通的股价上涨到180美元，巴菲特陆续卖出所持股票，共获得3300万美元，不含分红盈利2000万美元。

在富国银行遇到麻烦时买入

1852年，美国运通公司创始人亨利·威尔斯与威廉·法哥创立了富国银行。1983年起，卡尔·理查德担任富国银行董事，在他的领导下，1983—1990年，富国银行的平均净资产收益率达到15.2%。1989年，巴菲特买入了约85万股富国银行股票，每股成本约为70美元。1990年初，美国出现了严重的经济衰退，房地产市场供过于求，许多银行提供的大量住房抵押贷款将成为呆账，银行业股票价格大幅下跌。当时的富国银行是美国最大的房地产贷款银行之一，银行对商业不动产放款高达145亿美元，相当于其股东权益的5倍。1990年，巴菲特在富国银行股票价格大跌后大幅买入，到年底，伯克希尔公司共持有500万股富国银行股票，占富国银行总股本的9.7%，接近无须向美联储申报的10%上限，总买入成本为2.894亿美元，平均每股买入价格为57.88美元，伯克希尔公司成为富国银行的第一大股东。1990年，富国银行以560亿美元的总资产成为美国第十大银行。

巴菲特在1990年致股东信中说："我们是在1990年银行业一片混乱的时候买进富国银行股票的。这种混乱的现象是很合理的，几个月来，有些原本声誉不错的银行的错误贷款决定被媒体公布，通常管理层随后也会予以确认，随着大额的亏损数字不断被公布，银行业的诚信与保证也不断地被践踏，投资者越来越怀疑银行的财务数据。在广大投资者卖出银行股的时候，我们以2.9亿美元买进富国银行近10%的股票。富国银行的规模非常庞大，总资产高达560亿美元，净资产收益率高达20%，总资产收益率则为1.25%，买下富国银行10%的股权相当于全资购买一家资产为50亿美元的银行。如果是同样条件的银行，其报价可能会是2.9亿美元的两倍，即使我们真的可以买得到这样的银行，也要面临另外一个问题，那就是找不到像卡尔·理查德这样的人才来经营。最近几年来，富国银行的经理人一直是各家银行招揽的对象，但想要请到这家银行的掌门人卡尔·理查德可就不容易了。第一个风险，拥有一家银行或是其他公司都有风险，像加州的银行就因为位于地震带而必须承担客户受到大地震影响而无法还款的风险。第二个风险是系统性的，也就是严重的经济萧条或是财务风暴导致这些高财务杠杆经营的金融机构面临相当大的危机。第三个风险，市场当时主要的担心是美国西海岸的房地产因为供给过多而可能崩盘，使得放款的银行承担大额损失，而富国银行是市场上最大的不动产放款银行，投资者普遍认为富国银行最容易受到冲击。以上几个风险都很难完全排除，当然第一个与第二个风险发生的可能性相当低，而且即使是房地产市场价格大幅下跌，对于经营绩效良好的银行也不会造成大问题。我们简单估算一下，富国银行现在一年提列3亿美元的损失准备之后，税前还可以赚取10亿美元以上的利润，如果该银行所有的480亿美元借款中有10%的金额即48亿美元在1991年发生问题，且估计其中有30%的本金即14.4亿美元将收不回来，必须全部转为损失（包含收不回来的利息），在这种情况下这家银行还是可以达到损益平衡。如果这种情况真的发生，虽然我们认为这种情况发生的可能性相当低，但是我们应该还可以承受。事实上伯克希尔公司选择并购或是投资一家公司，第一年不能赚钱没有关系，只要以后每年能够有20%的净资产收益率就行。尽管如此，由于广大投资者担心加州的房地产业会暴发与新英格兰地区相似的灾难，导致富国银行在1990年几个月内大跌50%以上，虽然在股票价格下跌前我们已买进一些股票，但是股票价格下跌使我们可以用更低的价格买到更多富国银行股票。希望一生中不断购买股票的投资者应该对股票市场的波动采取类似的态度，不应该完全毫无逻辑地见到股票价格上涨就欣喜若狂，见到股票价格下跌就愁眉苦脸。”

1992—2022年，伯克希尔公司根据富国银行的估值情况多次增持或减持富国银行股票，兑现了部分利润，前后持有富国银行长达33年，直到2022年才将富国银行股票全部卖出。

◇第四节　公司内部人士大量买入股票是重要参考指标

一、公司内部人士大量买入股票

一家公司的重要内部人士包括公司管理层（董事会成员、监事会成员、公司高层管理人员）、十大股东、十大流通股股东。其他投资者很难比公司管理层和大股东更了解公司，所以公司管理层和大股东大比例买入股票和卖出股票是重要的风向标，投资者要持续关注上市公司公告，关注管理层和大股东的重大持股变化。

个别管理层成员或大股东买入少量股票，比如大股东增持了其持有股票数的1%，可能只是为了象征性支持股票价格，这是很正常的行为，不构成指标意义。如果大股东增持了其持有股票数的20%，这个行为的指标意义就比较强。如果很多公司管理层成员或大股东大量买入股票，说明他们对公司未来充满信心，意味着当前股票价格可能被低估或者公司会有重大有利行动。公司管理层和大股东买入股票的数量越多，股票价格上涨的概率越大，这也是投资者买入股票的好时机。

但要注意的是，公司管理层在股票价格远低于公司价值时回购股票是正常行为，如果在股票价格非常高的时候回购股票则是异常行为，有可能是为了使公司管理层能够以提升股东权益的名义出售自己的股票期权以获取高额利润。

二、公司回购股票

如果公司股票价格暴跌，远低于公司价值，此时公司宣布大量回购股票有助于提升投资者信心，稳定股票价格。当上市公司董事会决定回购股票，表示管理层认为股票价格被低估，未充分反映公司价值，回购股票可以实现公司现有资金的最大回报。如果一家公司经常在股票价格低迷时回购股票，说明这家公司资金充足。

公司回购股票是提升股东权益的最简单也是最好的方法，如果董事会决定在价格远低于价值的时候回购股票并注销，会减少流通股数量，有助于提升每股价值，进而推高股票价格。巴菲特在1984年致股东信中说："去年我们投资比例较大的几家公司，在股票价格远低于公司价值时都回购了大量股票，对我们股东来说有两个好处。第一个好处很明显，是一个简单的数学问题，通过回购股票，相当于只要花1美元的价格便能够获得2美元的价值，从而使每股的内在价值大幅提升，这比并购其他公司要好得多。第二个好处比较不明显并且知道的人不多，实际上也很难去衡量，但是时间越长效果越明显，那就是管理层在股票价格远低于公司价值时进行回购，通过回购股票来展示其重视股东权益的态度，而不是一直想着扩张管理层的经营事业版图，因为后者往往不但不能提升股东权益，甚至反而会损害股东权益。公司回购股票，原有的股东与有兴趣的投资者将会对公司的前景更具信心，而股票价格就会上涨，从而与公司价值更为接近。那些经常声称要维护股东权益却对回购股票的建议不采取行动的经理人，很难让大家相信他们言行一致，经过一段时间，这样的经理人就会被投资者抛弃。最近我们的前三大持股公司——政府雇员保险公司、通用食品公司与华盛顿邮报公司因大量回购股票而收益颇丰。我们的第四大持股公司埃克森公司也有回购股票，只是我们最近才开始投资这家公司，所以影响不大。我们对于投资这种具有持续竞争优势同时又由维护股东权益的管理层管理的公司感到相当安心。"

巴菲特在1985年致股东信中说："你们当然知道我们这次对华盛顿邮报公司投资的美好结局。华盛顿邮报公司总裁凯瑟琳·格雷厄姆具有非凡的智慧与勇气，她除了运用高超的管理才能将公司价值大幅提升之外，还充分利用股票价格低迷的机会大量回购公司股票。与此同时，投资者开始认识到华盛顿邮报公司的竞争优势而大量买入股票，使股票价格回升，接近公司价值。我们因此获得了三项收益：一是华盛顿邮报公司经营业绩改善，公司价值提升；二是华盛顿邮报公司实施股票回购减少了股票总数，增加了每股价值；三是随着股票被低估的程度逐渐降低，股票价格上涨的幅度超越了每股商业价值的增长幅度。我们在

1973 年投资 1060 万美元买入的华盛顿邮报公司股份，除了 1985 年根据持股比例在公司回购时卖回给公司的以外，全部一直持有至今。这些股份年末的市值加上因回购而出售股份所得的收益共计 2.21 亿美元。”

凯瑟琳·格雷厄姆后来曾表示：“华盛顿邮报公司通过回购股票所获得的利益是显而易见的。从 1975 年到 1992 年，华盛顿邮报公司一共回购了发行在外的 43％的股票，平均回购成本为每股 60 美元。我们公司只用相当于现有价值 1/10 的价格回购了超过 40％的股票。到 2000 年为止，华盛顿邮报公司已经回购了 50％的股票，这意味着所有公司股东拥有的股票价值实际上翻了一倍。我认为最重要的仍然是沃伦·巴菲特劝说我回购公司股票，这让我们公司受益良多。以前我对回购股票一直半信半疑，虽然回购股票在今天已经非常普遍，但是在 20 世纪 70 年代中期，还没有几家公司会采取这样的措施。当时我认为，如果以华盛顿邮报公司全部的资金购买自己发行在外的股票，那么公司的成长能力将会大受影响。巴菲特为我提供了各方面的数据，通过这些数字向我说明了回购股票不仅可以长期为公司带来收益，甚至可以使公司在短期内从中受益。巴菲特反复强调华盛顿邮报公司目前的股票价格低于公司价值，回购股票的措施与目前所采取的各种方案相比具有明显优势。巴菲特让我逐渐明白了这一点：如果我们回购华盛顿邮报公司 1％的股票，我们就可以以更低的价格拥有更多的股票。于是，我认为我们的确有必要这样做。”

伯克希尔公司回购股票

2020 年，伯克希尔公司投入 247 亿美元回购股票，2021 年继续投入 270 亿美元回购股票，2022 年有所放缓，投入约 79 亿美元回购股票。巴菲特在 2021 年致股东信中说：“我们创造价值的最后一种方法是回购伯克希尔公司的股票。我们通过回购股票增加了各位股东在伯克希尔公司拥有的许多控股和非控股公司中的份额，由于公司价值决定股票价格，这种方式是增加股东财富的最好选择。另外，股票回购不仅会增加长期股东的价值，还对出售股票的人以及社会都有一定的好处。随着另外两种方式[①]的吸引力锐减，回购股票对伯克希尔公司的股东来说就显得尤为重要。因此，在过去两年中，我们总共投入517亿美元回购了2019年底已发行股票的9%，让长期股东在伯克希尔公司的权益增加10%以上，无论这些业务是全资拥有（例如伯灵顿北方圣太菲铁路运输公司和政府雇员保险公司）还是拥有部分股权（例如可口可乐公司和穆迪公司）。我要在这里强调，要使伯克希尔公司的回购股票行为有意义，必须仔细分析回购价格，如果在回购股票时出价过高，就会造成价值的损失。自2021年底至2022年2月23日，伯克希尔公司回购股票花费了12亿美元。我们还准备回购更多股票，但是，是否回购股票将始终取决于股票价格。应该指出的是，伯克希尔公司股票的回购机会很有限，因为伯克希尔公司拥有一流的长期投资者。但是，在短期投机者大量持有伯克希尔公司股票的情况下，股票价格波动和股票交易量都会大幅增加，这种变动将为我们提供更多机会通过回购股票来提高每股价值。尽管如此，查理和我更喜欢我们拥有的长期股东，尽管这些长期股东令人钦佩的买入并持有的态度限制了我们从机会性回购中获利的程度。最后，我还要再提一下伯克希尔公司特有的一个容易被忽视的价值计算细节：保险浮存金对我们来说意义重大。我们回购股票会自动增加每股保险浮存金，这一数字在过去两年中增长了25%，从伯克希尔公司A股每股79387美元增加到99497美元。如前面所述，这一定程度上归功于回购股票。”

洛克伍德公司回购股票

巴菲特进入格雷厄姆·纽曼公司工作的第一年（1954年），可可豆供应短缺使每磅可可豆的价格由5美分涨到50美分，导致巧克力制造商洛克伍德公司面临困境，这家公司的主打产品是洛克伍德巧克力片，被用来做成巧克力薄片曲奇饼干，由于不能在产品上大幅提价，原材料价格过高导致销售亏损。而如果洛克伍德公司打算出售库存的1300万磅可可豆直接获利，则必须支付高额的所得税，税收占收入的50%

① 一种是通过内在增长或收购来增加伯克希尔及其旗下公司的长期盈利能力，另一种是在公开市场上购买大量优秀公司的非控制性部分权益。

左右。

洛克伍德公司由于陷入两难，想把公司出售给格雷厄姆·纽曼公司，不过双方在价格方面没谈拢，于是洛克伍德公司转而将股票卖给投资人杰伊·普里茨克，普里茨克想出了一个避免支付巨额税单的办法。当时的美国税法规定，如果公司缩减业务范围，那么这部分业务的库存清算就无须纳税。普里茨克购买了大量洛克伍德公司股票，取得了公司控制权，让公司继续保持巧克力制造商的身份，但退出可可油生产领域，把1300万磅可可豆归到可可油业务名下，这部分可可豆就可以免税被卖掉了。

普里茨克为了增加自己在洛克伍德公司的持股比例，选择用库存可可豆交换其他股东手中的股票，他提出用市场价为36美元的可可豆交换成交价为34美元的股票，其实相当于用可可豆回购股票。

格雷厄姆从中发现了套利的机会，格雷厄姆·纽曼公司可以购买34美元一股的洛克伍德的股票换取价值36美元的可可豆再卖掉，这样每股就可以赚到2美元。如果可可豆价格突然下跌，不仅没有每股2美元的利润，还可能带来损失。为了防范风险、锁定利润，格雷厄姆·纽曼公司同时进行期货交易，只要缴纳一部分交易费用，就可以以一个确定的价格卖出可可豆期货，从而将可可豆价格下跌的风险转嫁给了期货交易的另一方。

当时巴菲特被公司安排负责这个套利项目，据他后来回忆说："许多星期以来，我一直忙着买股票、卖豆子，然后在施罗德信托公司短暂停留，把股权证换成可可豆的仓库存单，利润相当可观，而我唯一的支出仅仅是乘坐地铁的费用。"

在工作之余，巴菲特分析了普里茨克的报价，他把洛克伍德公司1300万磅可可豆的价值除以所有股票数，得出每股股票对应可可豆的价值大于普里茨克给股东的36美元可可豆。那些还持有股票的股东手中的每一股股票价值都超过36美元，并且股票交换结束后剩下的可可豆也将属于继续持有股票的股东，将使每股股票的价值更高。不仅如此，继续持有股票的股东还拥有公司厂房、机器设备、流动资产等。因此，巴菲特没有用自己的资金做可可豆套利，而是购买了222股洛克伍德公司股票并且耐心持有。

后来，洛克伍德公司的股票价格由回购前的每股15美元飙升至回购结束后的每股85美元，每股价格提高了70美元。进行可可豆交换套利的人每股仅赚2美元，巴菲特如果也进行套利，他的222股只能赚444美元，但是他耐心持有股票的结果是赚了大约1.3万美元，这次投资使巴菲特的个人资产大幅提升。

洛克伍德公司回购股票案例涉及的金额比较小，因为当时巴菲特的个人资产还比较少，但是这个案例非常典型，巴菲特通过估算每股价值判断洛克伍德公司是用远低于公司价值的价格回购股票，从而做出用个人资金买入并持有股票的决定，与大股东普里茨克的做法一致，而没有遵循他的公司指导他的套利模式。这个案例说明公司管理层和大股东的重大买入或卖出股票行为有重要参考价值。

第十二章 卖出时机

CHAPTER 12

第一节　当股票价格远超公司价值时卖出
第二节　在大牛市卖出
第三节　卖出错误买入的公司
第四节　在公司基本面恶化时卖出

◇第一节　当股票价格远超公司价值时卖出

只要一家具有持续竞争优势的公司能为股东持续创造高收益，投资者就可以长期持股与公司共同发展。当股票价格远超公司价值时，投资者也可以选择卖出部分股票，“落袋为安”，通常可以设定几档定价卖出条件单，价格越高则卖出数量越多，一旦这几家公司的股票价格上涨到指定价位后自动卖出。

买入和卖出中国石油股票

2000年4月到2003年4月，香港恒生指数从17444点连续下跌到8608点，跌幅约50%，股票市场一片“恐惧”。巴菲特此时却开始“贪婪”地买入中国石油股票，伯克希尔公司投资4.88亿美元买入23.38亿股中国石油股票，平均每股买入价格约为0.2美元，占中国石油总股本的1.3%，成为中国石油第二大股东。

2003年4月到2007年10月，香港恒生指数从8608点最高上涨到31958点，4年半涨了3.7倍，股票市场一片“贪婪”。但是，巴菲特却从2007年7月开始“恐惧”地分批减持中国石油股票，这并没有让中国石油的股票价格下跌，从巴菲特首次减持中国石油开始计算，中国石油的股票价格累计升幅达35%。巴菲特买入股票时会注重安全边际，卖出股票时也会注重安全边际，即使无法买在最低点或卖在最高点，也并不影响他通过投资成为世界首富。

2007年10月19日，巴菲特清仓了中国石油股票，每股平均卖出价约为1.71美元，从股价上涨获得的盈利超过8倍，卖出总市值约为40亿美元，扣除4.88亿美元的买入成本，从股价上涨获得的税前投资收益约为35.5亿美元，伯克希尔公司在持有中国石油的4年里一共收到分红约2.4亿美元，伯克希尔公司投资中国石油的税前投资总收益约为37.9亿美元。

巴菲特在2007年致股东信中说："去年我们有一笔很大的持仓卖出。2002—2003年，伯克希尔公司以4.88亿美元的价格买入中国石油1.3%的股票，以当时的股票价格计算，中国石油的总市值是370亿美元，查理和我认为中国石油的价值大约为1000亿美元。去年有两个因素使中国石油价值急速上升：第一个因素是石油价格大幅上涨；第二个因素是中国石油的管理层在建立石油和天然气的储备方面做了卓有成效的工作。去年下半年，中国石油的市值上升至2750亿美元，与其他石油巨头相比，这是合理的价格，于是我们以大约40亿美元卖出中国石油股票。"

巴菲特在2007年参加中央电视台《对话》栏目时说："我只是在家里读了中国石油的年度报告，在我阅读年度报告的时候，我觉得这家公司当时价值1000亿美元。我看了中国石油的市值，当时核心业务的市值只有350亿美元，我觉得价格非常便宜，值得投资，我就买了中国石油股票。后来中国石油股票价格上升之后，我觉得股票价格没有低估，虽然中国石油仍然是一家很好的公司，但是我们还是卖掉了。"

巴菲特在2007年接受中央电视台《经济半小时》专访时说："你知道的，有很多像中国石油这样很好的企业，其实我希望我买了更多，而且本应该持有更久。中国石油的业绩极端依赖于石油价格，当石油价格在每桶30美元的时候，我非常相信石油价格会上涨，也自然非常看好中国石油未来的业绩，因此我们坚定持有中国石油。当2007年后半年石油价格突破了75美元的时候，我们不能说石油价格就一定要下跌，但是，对于石油价格的未来，我已经没有在30美元的时候那么强烈的信心，我对石油价格的未来的总体把握不大了，持股信心不太强了，所以卖出了中国石油。"

◇第二节　在大牛市卖出

在牛市疯狂时期，股票市场上的各种股票价格大都在上涨，股票价格可能远高于公司价值。由于缺乏价值支撑，股票价格大涨之后必然大跌，如果牛市期间股票价格远超公司价值，投资者要卖出股票。

1968年12月，道琼斯指数上升到990点高位，巴菲特在周围一片狂热的时候担心股票市场崩盘，他认为股票价格过高，已没有投资价值，危险正在靠近。巴菲特在1969年致股东信中说："如果真有特别好的投资机会，我愿意在1970年甚至1971年继续管理合伙公司，不是因为我还想接着运营合伙公司，只是因为我太想完美退场，我不想以业绩惨淡的一年结束合伙公司。可是我看不到任何投资机会，看不到任何希望，我没有办法把最后一年的业绩做好，我也不想拿别人的钱碰运气。我无法适应这种市场环境，不想为了以辉煌业绩谢幕而毁了这么多年的好业绩。"道琼斯指数在1969年5月开始下挫，到1970年5月触底，从994点下跌至627点，下跌幅度接近40%。巴菲特在这次大牛市中提前退出，保住了合伙公司的本金和收益。

1972年，美国股票市场再次出现了大牛市，股票价格大幅上涨。机构投资者们宣称回归理性投资，以蓝筹股为主要投资对象，投资经理的投资目标是长期增长前景最光明的公司，他们精心挑选了50来个公司，比如施乐公司、雅芳公司、默克公司、惠普公司、柯达公司、麦当劳公司、迪士尼公司、摩托罗拉公司等，这些公司的股票被统称为"漂亮50股"。当时大量基金都投资于这些大公司，因为投资经理们普遍认为：如果一家公司成长速度非常快并且基本面很优秀，那么投资者就不需要考虑股票价格高低，即使股票价格过高，由于这些公司都会继续成长，再过几年投资者支付的价格就非常合理了；这些公司股票市值都很高，任何一家投资机构大规模买卖行为都不会扰乱市场价格；这些股票可以永远持有。

在投资经理的追捧下，这些公司的平均市盈率上涨到80倍以上，但是任何一家公司的高速增长都会终结，不可能永远支撑80倍以上的市盈率。1974年，美国股票市场大崩盘，"漂亮50股"集体暴跌，许多股票的价格都跌去60%～90%，平均市盈率从80～90倍跌到了8～9倍。

在股票市场过热阶段，股票价格上涨幅度越大，市场风险也越高，当市场发展到一定程度就会出现泡沫，泡沫越大，泡沫破裂的概率就越大。巴菲特在 2001 年《财富》杂志发表文章说："长期来说，股票市场整体表现与美国经济整体成长性相关，过度高涨的股票价格最终肯定会回归公司价值。投资者要在股票市场非理性波动中保持理性，就要学会准确判断股票市场是过热还是过冷的定量分析方法。如果投资者进行定量分析，就能使自己避免陷入股票市场的群体性疯狂，做出非理性的错误决策。如果投资者根据定量分析发现股票市场过热，就可以理性地退出股票市场；如果投资者根据定量分析发现股票市场过冷，就可以理性地选择合适的股票低价买入。"

◇第三节　卖出错误买入的公司

投资者持有的股票如果账面浮亏，可能是因为两种情况。第一种是具有持续竞争优势的公司出现了暂时的困难，导致其股票价格远低于公司价值，这时即使投资者的账面浮亏，由于股票价格将逐步回归公司价值，会给投资者带来良好的回报，仍应当继续持有。第二种是投资者判断错误，买入了前景暗淡的公司或者原本很优秀但是基本面恶化的公司，由于这些公司的价值可能继续逐步减少，投资者就应当卖出股票以防止损失扩大。

投资者要有一个明确的目标：所有长期持股公司都要具有持续竞争优势，所有缺乏竞争优势的公司股票都要出售。只有这样，投资者才能跟随优质公司不断发展壮大。巴菲特在 1985 年致股东信中说："投资行为就好比是在划船，你划的是怎样一艘船比怎么划更重要。在几年前，我曾经说过如果一位著名的管理专家遇到一家没有前景的公司，往往后者占据上风，现在我依然是这样认为的。当你划的是一艘总是漏水的破船，与其花费力气修补破船上的漏洞，不如多花些精力找一艘好船。"

大多数投资者会过早卖出盈利股票而长期持有亏损股票，这种持亏售盈的做法被称为"处置效应"。产生处置效应的根本原因在于人的潜意识是逃避痛苦追求快乐。如果投资者卖出账面浮亏股票，产生的实际亏损会带来痛苦；如果投资者卖出账面浮盈股票，产生的真实盈利会带来快乐。但如果投资者一直用持亏售盈的方法来处理自己的投资，最终的结果就是投资者持有的股票都是没有前景的，这与价值投资长期持有具有持续竞争优势公司股票的理念完全背道而驰。

巴菲特在1988年致股东信中说："1988年，我们做出两项重大投资决定，大笔买进联邦家庭贷款抵押公司（房地美公司）与可口可乐公司股票，我们准备长期持有这两家公司的股票（2000年巴菲特认为房地美公司风险太大，将其股票出售，在后来的次贷危机和金融危机中避免被房地美公司拖累）。事实上，当我们持有兼具卓越特性和卓越经理的公司股票时，我们最喜欢的持有期限是永远。许多投资者在公司业绩表现良好时急着想要卖出股票以实现盈利，却紧紧抱着那些业绩令人失望的公司股票不放手，我们的做法与他们完全相反。彼得·林奇曾经生动地形容这种行为是'铲除鲜花，浇灌野草'。"

如果投资者持有一家前景暗淡的公司股票，就应该将这家公司的股票出售，这样才能购买更多具有持续竞争优势公司的股票。巴菲特在1996年致股东信中说："我们睡觉时赚的钱比清醒时赚的钱多得多。我们成功投资上市公司股票的秘诀与成功并购公司的方法一样，都是希望能够以合理的价格取得拥有持续竞争优势的公司股票。如果我们的投资策略实施得当，低周转率的投资策略导致的结果是只拥有少数几只股票，但这几只股票却占了整个投资组合的大部分。这相当于一位投资者购买了几位优秀大学篮球球员未来收益的20%，他们当中有些人会成为美国男子职业篮球联赛（NBA）的明星球员，而投资者从这些NBA明星球员身上获取的收益将占总收入的绝大部分。如果有人建议这位投资者卖掉最成功的投资，理由是它们占据整体投资比例过大，这就相当于让NBA公牛队卖掉篮球巨星迈克尔·乔丹，理由是他对公牛队的作用太过重要，这是很愚蠢的。"

亏损卖出霍克希尔德·科恩百货公司股票

巴菲特在1989年致股东信中说："我买下伯克希尔公司之后不久，

就通过伯克希尔公司旗下的多元零售公司收购了巴尔的摩市的霍克希尔德·科恩百货公司，我以低于账面价值相当大的折扣价格买入，它的管理层也是一流的，而且这笔交易还有一些额外收益：包含未入账的房地产价格上涨增值与大量采取后进先出法会计原则导致的存货价值低估。我怎么可能错过这么好的机会呢？非常幸运的是，3 年之后，我们以原价卖掉了霍克希尔德·科恩百货公司（卖给通用超市公司，实际亏损约 80 万美元）。在我卖掉霍克希尔德·科恩百货公司的那一刻，我只有一个感想，就像一首乡村歌曲的歌词所述：'我的老婆跟我最要好的朋友跑了，我还是非常怀念我的朋友！'”虽然巴菲特其实是想离开这个老婆（百货公司）的，但是内心很纠结，而且用正规方式处理很难。这个时候好朋友（通用超市）把老婆（百货公司）拐跑了，巴菲特的内心是开心的，因为终于有人接盘了，还不用因清算公司而遭受公众的道德谴责，所以最终巴菲特是感激和怀念朋友（通用超市）的，而不是怀念那个他已经不爱的老婆（百货公司）。

巴菲特在 1966 年收购了霍克希尔德·科恩百货公司，这笔交易是以三流的价格买进二流的公司，而且这家公司拥有一流的管理层。霍克希尔德·科恩百货公司的净资产远高于公司市值，但由于身处严重同质化的零售行业，这家公司的产品和服务与当地其他百货公司高度一致，市场竞争非常激烈，任何提升销量的策略都会被竞争对手很快模仿，即使拥有一流的管理层也无法让公司比同行创造更多利润。1969 年，巴菲特以稍低于买入时的价格将霍克希尔德·科恩百货卖给了通用超市公司，这项投资实际亏损约 80 万美元。芒格对这项投资是这样评论的：“我有两天非常开心——买入公司的那一天以及卖出公司的那一天。”他还表示：“我们深受格雷厄姆思想的影响，都认为如果你付出的资金能够获得足够的资产，无论如何都不会得到太坏的结果，但我们没有考虑到在巴尔的摩市有 4 家百货公司，百货行业竞争十分激烈。”

巴菲特在 1989 年致股东信中说：“我可以给各位另外一个个人经验：以合理的价格买下一家好公司要比用便宜的价格买下一家普通的公司好得多，查理很早就明白这个道理，我领悟这个道理则花费了很长时间。我们现在投资公司或股票时不但选择最好的公司，同时我们也要确信这些公司有优秀的经理人。从这里我们又学到了一课：优等赛马还要搭配优秀骑手才能有上佳表现，比如伯克希尔纺织公司与霍克希尔德·科恩百货公司的管理层都很优秀，但是很不幸的是这些经理人面临的是流沙般的困境，如果这些经理人在更好的公司里，他们应该会有非常好的业绩表现。我曾经说过很多次，当一个业绩斐然的经理人遇到一家问题重重的公司，通常会是后者占据上风，我真希望我过去在做蠢事方面没那么积极主动。我的做法就如同梅·韦斯特说的那样：'我曾经像白雪公主一样纯洁，但不幸的是我走错了道路。'"

亏损卖出康菲石油公司股票

康菲石油是由美国康纳和石油公司（Conoco）和菲利普斯石油公司（Phillips）于2002年8月30日合并成立的，是一家全球著名的石油和天然气勘探、开采、加工、销售一体化能源公司，曾在2008年《财富》杂志世界500强公司中排第10位。

巴菲特于2006年开始买入康菲石油股票，累计买入1600万股。2008年7月11日，石油价格升至每桶147.27美元历史高点，至9月16日下跌到每桶91.15美元。2008年，康菲石油股票价格从一季度末的76.21美元涨到二季度的最高95.69美元，但是三季度最低跌到67.31美元。巴菲特于二季度和三季度在石油价格达到历史高位时投资70亿美元大幅增持康菲石油到8490万股，平均每股买入价格为82.5美元，到三季度末，伯克希尔公司成为康菲石油的第一大股东。巴菲特投资康菲石油时违背了自己投资中国石油的原则：石油价格低的时候买入石油公司，石油价格高的时候卖出石油公司。

2008年发生的金融危机导致石油价格暴跌，到11月底石油价格跌破50美元大关，与石油价格最高点147.27美元相比已经跌去了将近100美元。美国股票市场暴跌，2009年3月，康菲石油股票价格最低跌至34.12美元，在2009年底反弹到51.07美元。2009年，巴菲特连续4个季度减持康菲石油，一年累计减持50%以上，2010年上半年继续减持。到2010年二季度末，康菲石油股票价格为49.9美元。巴菲特投资康菲石油估计亏损26亿美元。

巴菲特在2008年致股东信中说："我在这份报告的前面部分曾经告

诉过你们，去年我犯了一个严重的投资错误（我可能还有很多投资错误，只是这个错误被发现了而已），查理或者其他人都跟这次投资无关。我在石油价格和天然气价格接近最高点时购买了大量康菲石油公司股票，我没能预计到2008年下半年能源价格的大幅度下跌，仍然认为未来石油价格会比现在的40～50美元高得多，但是到目前为止我大错特错。即使未来石油价格上升，我选择购买康菲石油的时机也让伯克希尔公司损失了数十亿美元。”

巴菲特卖出康菲石油的部分原因是为了卖出自己错误买入的公司止损，同时也是为了在金融危机期间筹集资金，投资一些被低估的资产。他在2008年购买了3家公司的固定收益证券，包括固定收益的债券和优先股。巴菲特卖出判断错误的亏损股票，买入有确定性收益的固定证券，即“铲除”了康菲石油等“野草”，然后“浇灌”箭牌公司、高盛集团、通用电气公司这些“鲜花”。巴菲特在2008年致股东信中说：“我们在去年的投资也有积极的一面。我们购买了145亿美元箭牌公司、高盛集团和通用电气公司的固定收益证券。我们非常喜欢这些投资，对这些公司自身的良好成长性非常满意。作为对我们投资的额外回报，我们还获得了可以继续增持这3家公司股票的机会。为了做出这3项重大投资，我不得不出售了我们持有的一些其他资产，尽管我很愿意继续持有它们（主要是强生公司、宝洁公司和康菲石油公司的资产）。”

巴菲特为了购买上述3家公司的固定收益证券做了重大减持，减持最多的是康菲石油。他说：“在这个世界上，你很难找到第二个人能给你开出上百亿美元现金的支票了，实际上，很多人并不是没有这个实力，而是他们固执地将自己的资金放在那些‘野草’资产上，放弃了种植‘鲜花’的机会。”

巴菲特在2009年伯克希尔公司股东大会上说：“我在2008年做了愚蠢的事情。我在康菲石油股票价格历史最高点时买入，而在股票价格下跌超一半时卖出，让伯克希尔公司损失了很多钱。这个‘成就’是我投资生涯中最大的败笔。我完全犯了非理性的错误，这是一个实实在在的非理性操作。”

巴菲特2010年在中央电视台《对话》栏目上说：“我在康菲石油的

投资上犯了一个很大的错误。我在石油价格非常高的时候买入了康菲石油，尽管当时石油价格有所降低，但是我觉得康菲石油的股票价格还是相对比较低的，但是我的判断错了，我们公司因此损失了很多钱，这是我自己犯下的错误。”

◇第四节　在公司基本面恶化时卖出

投资者买进股票之后，如果公司基本面运行良好，能给股东持续带来良好回报，就应当长期持股；如果公司基本面恶化，发展空间非常有限，甚至已经开始走下坡路了，即使亏损也要果断卖出。

出售华盛顿邮报公司股票

随着电视行业、网络行业、手机行业的快速发展，人们获取信息的渠道大大拓宽，而且许多资源可以免费获取，不再需要订购报纸杂志，报刊行业的前景就变得十分暗淡了。

巴菲特在2006年伯克希尔公司股东大会上说：“报纸行业仍然是很赚钱的，特别是与投入的有形资产相比，但是报纸行业的发展前景与二三十年前相比就不如当时乐观了。报刊读者数量正在逐步减少，长期来看一定会侵蚀报刊行业的效益。我们仍然持有世界图书公司，我们曾经以每套600美元的价格售出了30万套百科全书。问题是随着互联网的发展，人们不再需要百科全书就能在网上搜索到同样丰富的信息，并不是产品本身不再值这个价钱，而是人们有其他替代办法了。我看不出有什么事情能够改变这种趋势。”

美国报业协会的数据显示，随着广告客户和报纸读者转向互联网，2007—2012年，纸质报纸的广告收入下滑了55%。2008—2011年，华盛顿邮报公司连续4年亏损，2008年亏损额高达1.93亿美元。2013年，华盛顿邮报公司将《华盛顿邮报》报纸业务以2.5亿美元卖给了亚马逊公司创始人和首席执行官杰夫·贝索斯。同年，华盛顿邮报公司重组为格雷厄姆控股公司，主营业务转向教育、互联网和电视广播等。2014 年 3 月，伯克希尔公司与格雷厄姆控股公司签署价值 11 亿美元的股权置换协议，退出了对格雷厄姆控股公司的股权投资。

出售迪士尼公司股票

1996 年，迪士尼公司收购大都会美国广播公司。伯克希尔公司由于持有大都会美国广播公司股票，便通过换股和额外购买共持有 2461 万股迪士尼公司股票，占迪士尼公司总股本的 3.6%。

迪士尼公司在 20 世纪 90 年代末的互联网热潮中迷失了方向，重金投资互联网公司，导致主营业务偏离方向，竞争优势下降。巴菲特对此感到不安，认为迪士尼公司的竞争优势已经下降，不再符合投资标准了。1997 年，伯克希尔公司持有的迪士尼公司股票减少为 2156 万股，持股比例降至 3.2%左右。1998 年 7 月，迪士尼公司宣布拆股，将 1 股拆成 3 股，伯克希尔公司持有的股票总数为 6468 万股。1998 年底，伯克希尔公司的持股数量降为 5120 万股。1999 年，巴菲特把迪士尼公司股票全部清仓，投资总收益约为 20 亿美元。

1997 年，迪士尼公司的净利润为 19.7 亿美元，2000 年降为 9.2 亿美元，比 1997 年下降了约 53%。此后美国股票市场进入熊市，迪士尼公司的股票价格从 2000 年的约 30 美元下跌至 2002 年的约 15 美元。巴菲特完美地避开了迪士尼公司的利润缩水和股票下跌阶段。

结　语

巴菲特不断追求财富的复利增长，他每天专注于这个目标，尽量节约开支，将节约下来的钱用于投资，实现他的目标。目标很重要，当你设定投资目标，每天看着这个目标，就会不断改变自己的潜意识，令你的行为和选择不断趋近于你定下的目标。当一个目标实现后要设定新的目标，如此反复，你将处于不断进取中，人生也会充满活力和生机。

巴菲特倡导在价格远低于价值时买入，这一理念体现在他的生活和投资中，他会买打折的商品，比如可乐和汽车，他曾经投资于已经下跌多年的白银，也会投资于被低估的公司，都是基于这一理念。

巴菲特的老师格雷厄姆在1929—1933年经济大萧条期间几乎破产，因而格雷厄姆非常重视安全边际。如今，如果没有遭受重大投资损失，许多投资者并不太注重安全边际，因为他们的潜意识里没有安全边际的概念。巴菲特追随格雷厄姆学习和工作多年，格雷厄姆的安全边际理念充分渗透到巴菲特的潜意识里，因而巴菲特的安全边际思路完全是一种习惯。

巴菲特采取长期投资策略，以股东的心态选股，在购买股票前花大量的时间研究目标公司，购买后长期持有目标公司，除非出现大幅涨跌，一般忽视股票价格的短期波动。巴菲特采用集中投资策略，即使掌管着数千亿美元资产，也敢于常年把80%以上的资金集中投资在十几只股票上。

投资者可以综合运用本书提出的策略和方法对一家公司进行全面分析，单纯用某个指标分析一家公司可能会有重大疏漏，这是因为每个指标或者方法都主要关注公司的一个方面，只有综合运用各种方法和指标分析一家公司，投资者才能对这家公司有全面的了解，才能够准确评估公司价值，提高投资的成功概率。

在股票市场低迷时，投资者综合运用套利方式有助于提升整体投资业绩，基于安全边际原则，最好只参与确定性高的套利活动。本书介绍的可转债投资方法，能够在保证本金安全的情况下赚取确定性高的利润。

主要参考资料

1. 沃伦·巴菲特. 巴菲特致股东信 [R]. 奥马哈：伯克希尔公司，1957—2021.

2. 罗伯特·哈格斯特朗. 巴菲特之道 [M]. 杨天南，译. 北京：机械工业出版社，2015.

3. 罗伯特·哈格斯特朗. 巴菲特的投资组合 [M]. 江春，译. 北京：机械工业出版社，2000.

4. 罗伯特·海格卓姆. 巴菲特的新主张 [M]. 岳恒，郭晓鹏，岳龙，译. 海口：海南出版社，2007.

5. 艾丽斯·施罗德. 滚雪球 [M]. 覃扬眉，丁颖颖，张万伟，等译. 北京：中信出版社，2009.

6. 罗杰·洛温斯坦. 巴菲特传 [M]. 蒋旭峰，王丽萍，译. 北京：中信出版社，2008.

7. 本杰明·格雷厄姆. 聪明的投资者 [M]. 王大勇，包文彬，译. 南京：江苏人民出版社，1999.

8. 本杰明·格雷厄姆，戴维·多德. 证券分析 [M]. 邱巍，等译. 海口：海南出版社，1999.

9. 菲利普·A. 费雪. 怎样选择成长股 [M]. 罗耀宗，译. 海口：海南出版社，1999.

10. 刘建位. 巴菲特选股 10 招 [M]. 北京：中信出版社，2009.

11. 刘建位. 巴菲特的 8 堂投资课 [M]. 北京：民主与建设出版社，2005.

12. 刘建位. 巴菲特股票投资策略 [M]. 北京：机械工业出版

社，2005.

13. 唐朝. 巴芒演义［M］. 北京：中国经济出版社，2020.

14. 唐朝. 价值投资实战手册［M］. 北京：中国经济出版社，2019.

15. 卡萝尔·卢米斯. 跳着踢踏舞去上班［M］. 张敏，译. 北京：北京联合出版公司，2017.

16. 陆晔飞. 巴菲特的估值逻辑［M］. 李必龙，林安霁，李羿，译. 北京：机械工业出版社，2017.

17. 任俊杰，朱晓芸. 奥马哈之雾［M］. 北京：机械工业出版社，2010.

18. 詹姆斯·帕多. 巴菲特投资圣经［M］. 王尔笙，译. 北京：中国人民大学出版社，2015.

19. 格伦·阿诺德. 巴菲特的第一桶金［M］. 杨天南，译. 北京：机械工业出版社，2019.

20. 帕特·多尔西. 巴菲特的护城河［M］. 刘寅龙，译. 广州：广东经济出版社，2009.

21. 吉瓦·拉玛斯瓦米. 巴菲特高收益投资策略［M］. 鲁冬旭，译. 北京：中信出版社，2013.

22. 黄建平. 巴菲特投资案例集［M］. 北京：中国经济出版社，2013.

23. 罗伯特·迈尔斯. 沃伦·巴菲特的CEO们［M］. 马林梅，译. 北京：中国青年出版社，2019.

24. 珍妮特·洛尔. 跟格雷厄姆学价值投资［M］. 邓雁，译. 北京：中信出版社，2011.

25. 彼得·林奇，约翰·罗瑟查尔德. 彼得·林奇的成功投资［M］. 刘建位，徐晓杰，译. 北京：机械工业出版社，2007.

26. 彼得·林奇，约翰·罗瑟查尔德. 战胜华尔街［M］. 刘建位，等译. 北京：机械工业出版社，2010.

27. 彼得·林奇. 学以致富［M］. 陈善纲，等译. 哈尔滨：黑龙江人民出版社，1997.

28. 查尔斯·艾里斯. 投资艺术［M］. 刘恩廷，译. 北京：中国财政经济出版社，2002.

29. 大卫·德雷曼. 逆向投资策略［M］. 郑磊，等译. 北京：机械工业出版社，2013.

30. 威廉·谢尔顿. 预测业神话［M］. 郭晓凌，译. 北京：人民邮电出版社，2002.

31. 伯顿·麦基尔. 漫步华尔街［M］. 骆玉鼎，彭晗，等译著. 北京：机械工业出版社，2002.

32. 马克·泰尔. 巴菲特与索罗斯的投资习惯［M］. 乔江涛，译. 北京：中信出版社，2013.

33. 瓦罕·简吉恩. 巴菲特也会错［M］. 马慧，译. 北京：中华工商联合出版社，2009.

34. 安迪·基尔帕特里克. 投资圣经——巴菲特的真实故事［M］. 何玉柱，等译. 北京：机械工业出版社，2007.

35. 普雷姆·杰恩. 巴菲特超越价值［M］. 汪涛，等译. 北京：中国人民大学出版社，2015.

36. 杰里米·西格尔. 股市长线法宝［M］. 范霁瑶，译. 北京：机械工业出版社，2011.

37. 劳伦·C. 邓普顿，斯科特·菲利普斯. 逆向投资［M］. 杨晓红，译. 北京：中信出版社，2022.

38. 霍华德·马克斯. 投资最重要的事［M］. 李莉，石继志，译. 北京：中信出版社，2012.

39. 小约瑟夫·卡兰德罗. 应用价值投资［M］. 宋芝仙，聂东发，译. 北京：中国人民大学出版社，2013.

40. 路易斯·纳维里尔. 巴菲特的选股真经［M］. 刘寅龙，译. 广州：世界图书出版广东有限公司，2013.

41. 蒂莫西·维克. 巴菲特选股策略［M］. 刘晓丽，译. 太原：山西人民出版社，2013.

42. 大卫·拉勒比，贾森·沃斯. 估值技术［M］. 王晋忠，等译.

北京：机械工业出版社，2015.

43. 理查德·西蒙斯. 巴菲特经典投资案例 [M]. 孙大威，译. 北京：中国财政经济出版社，2003.

44. 蒂默西·韦克. 巴菲特怎样选择成长股 [M]. 刘磊，等译. 北京：中国财政经济出版社，2002.

45. 詹姆斯·阿尔图切尔. 像巴菲特一样交易 [M]. 胡志强，译. 北京：机械工业出版社，2007.

图书在版编目（CIP）数据

复利王：解构巴菲特 / 林水龙著. --福州：福建人民出版社，2023.10

ISBN 978-7-211-09169-0

Ⅰ.①复…　Ⅱ.①林…　Ⅲ.①巴菲特（Buffett，Warren 1930－ ）—投资—经验　Ⅳ.①F837.124.8

中国国家版本馆 CIP 数据核字（2023）第 171874 号

复利王

——解构巴菲特

FULI WANG

作　　者：林水龙
责任编辑：陈　宽
责任校对：陈　璟
出版发行：福建人民出版社　　**电　　话**：0591-87533169(发行部)
网　　址：http://www.fjpph.com　　**电子邮箱**：fjpph7211@126.com
地　　址：福州市东水路 76 号　　**邮政编码**：350001
经　　销：福建新华发行（集团）有限责任公司
印　　刷：福建新华联合印务集团有限公司
地　　址：福州市晋安区福兴大道 42 号
电　　话：0591-88208420
开　　本：700 毫米×1000 毫米　1/16
印　　张：12.75
字　　数：194 千字
版　　次：2023 年 10 月第 1 版　　2023 年 10 月第 1 次印刷
书　　号：ISBN 978-7-211-09169-0
定　　价：68.00 元

本书如有印装质量问题，影响阅读，请直接向承印厂调换。